500만 독자가 선택한

가장 쉬운
독학 일본어 첫걸음
14,000원

가장 쉬운
독학 중국어 첫걸음
14,000원

가장 쉬운
독학 베트남어 첫걸음
15,000원

가장 쉬운
독학 스페인어 첫걸음
15,000원

가장 쉬운
독학 프랑스어 첫걸음
16,500원

가장 쉬운
독학 태국어 첫걸음
16,500원

가장 쉬운
프랑스어 첫걸음의 모든 것
17,000원

가장 쉬운
독일어 첫걸음의 모든 것
18,000원

가장 쉬운
스페인어 첫걸음의 모든 것
14,500원

첫걸음 베스트 1위!

가장 쉬운 러시아어
첫걸음의 모든 것
16,000원

가장 쉬운 이탈리아어
첫걸음의 모든 것
17,500원

가장 쉬운 포르투갈어
첫걸음의 모든 것
18,000원

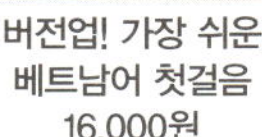

버전업! 가장 쉬운
베트남어 첫걸음
16,000원

가장 쉬운 터키어
첫걸음의 모든 것
16,500원

버전업! 가장 쉬운
아랍어 첫걸음
18,500원

가장 쉬운 인도네시아어
첫걸음의 모든 것
18,500원

버전업! 가장 쉬운
태국어 첫걸음
16,800원

가장 쉬운 영어
첫걸음의 모든 것
16,500원

버전업! 굿모닝
독학 일본어 첫걸음
14,500원

가장 쉬운 중국어
첫걸음의 모든 것
14,500원

오늘부터는 팟캐스트로 공부하자!

팟캐스트 무료 음성 강의

▶1
iOS 사용자

Podcast 앱에서
'동양북스' 검색

▶2
안드로이드 사용자

플레이스토어에서 '팟빵' 등
팟캐스트 앱 다운로드,
다운받은 앱에서
'동양북스' 검색

▶3
PC에서

팟빵(www.podbbang.com)에서
'동양북스' 검색
애플 iTunes 프로그램에서
'동양북스' 검색

◉ **현재 서비스 중인 강의 목록** (팟캐스트 강의는 수시로 업데이트 됩니다.)

- 가장 쉬운 독학 일본어 첫걸음
- 가장 쉬운 독학 중국어 첫걸음
- 가장 쉬운 독학 베트남어 첫걸음
- 페이의 적재적소 중국어
- 중국어 한글로 시작해

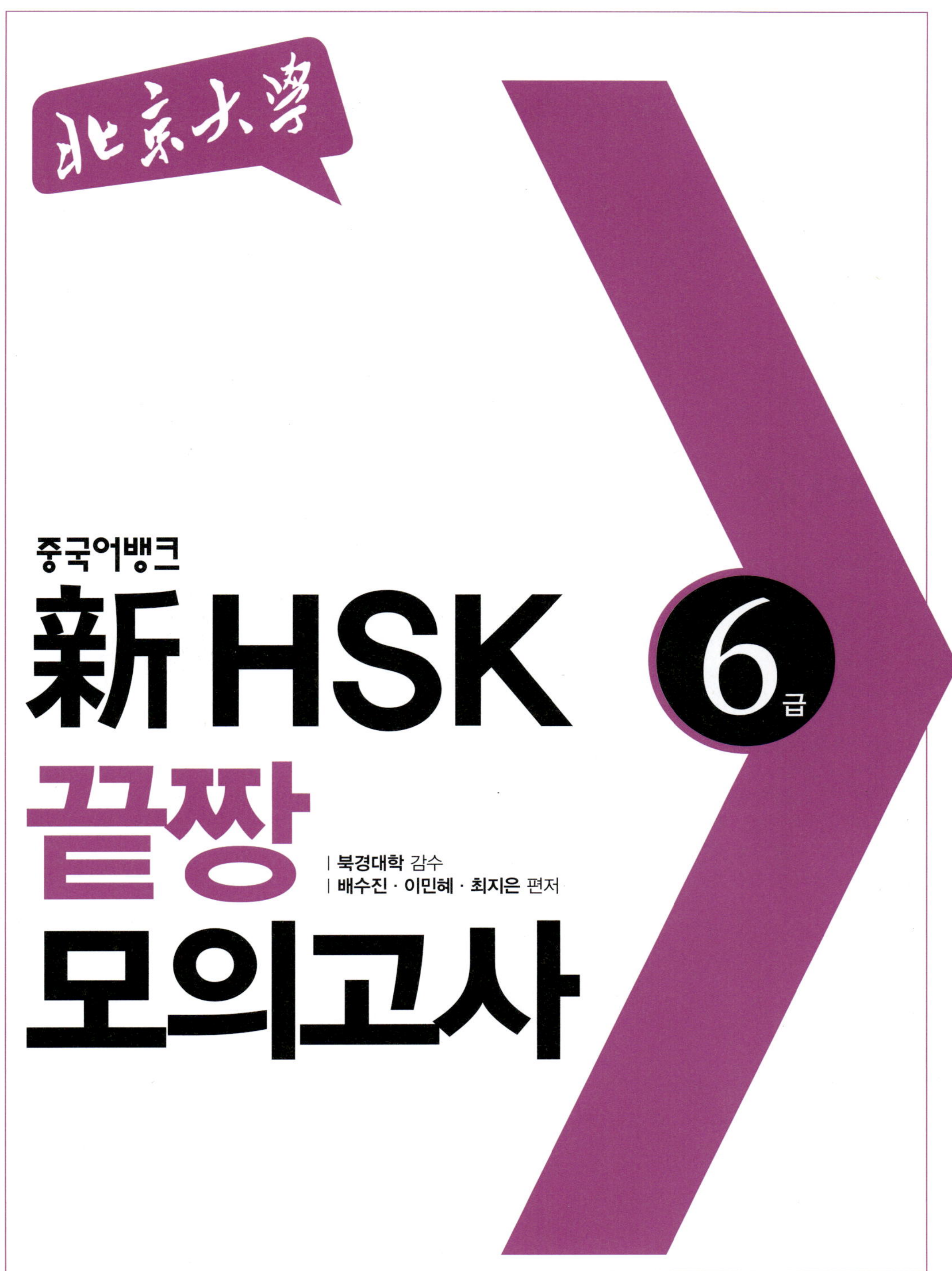

北京大學
중국어뱅크
新HSK
끝짱
모의고사
6급
북경대학 감수
배수진 · 이민혜 · 최지은 편저
동양북스
北京大學出版社
PEKING UNIVERSIYT PRESS

新HSK 끝짱 모의고사 6급

초판 2쇄 | 2019년 2월 10일

지은이 | 배수진
발행인 | 김태웅
편집장 | 강석기
편 집 | 정지선, 김다정
디자인 | 방혜자, 김효정, 서진희
마케팅 총괄 | 나재승
마케팅 | 서재욱, 김귀찬, 오승수, 조경현, 양수아, 김성준
온라인 마케팅 | 김철영, 양윤모
제 작 | 현대순
총 무 | 김진영, 안서현, 최여진, 강아담
관 리 | 김훈희, 이국희, 김승훈

발행처 | 동양북스
등 록 | 제10-806호(1993년 4월 3일)
주 소 | 서울시 마포구 동교로22길 12 (04030)
전 화 | (02)337-1737
팩 스 | (02)334-6624

http://www.dongyangbooks.com

ISBN 979-11-5703-069-9 14720
ISBN 979-11-5703-013-2 (세트)

ⓒ 배수진, 2015

이 도서의 국립중앙도서관 출판시도서목록(CIP)은 서지정보유통지원시스템 홈페이지(http://seoji.go.kr)와
국가자료공동목록시스템(http://www.nl.go.kr/kolisnet)에서 이용하실 수 있습니다.
(CIP제어번호:CIP2015017251)

新한어수평고시(新汉语水平考试 , 이하 新HSK)는 중국 국가한판(中国国家汉办)이 새롭게 내놓은 권위 있는 중국어능력평가시험입니다. 新HSK 취득자는 국내 기업 취업 및 승진 시 일정의 가산점을 부여 받을 수 있는 장점이 있어, 응시자 수가 해마다 증가하고 있습니다. 뿐만 아니라 문화, 예술, 산업 등 다방면에서 중국어에 대한 수요가 증가하고 있기에, 이제 중국어는 영어 못지않게 중요한 언어가 되었습니다. 이에 수험생들이 단시간에 新HSK를 취득할 수 있도록 실제 시험과 유사한 문제들을 반복 학습함으로써 시험 합격률을 높이고, 실제 중국어 구사 능력까지 향상시킬 수 있도록 하기 위해서 이 실전 모의고사 문제집을 만들게 되었습니다.

1 2014년 최신 개정 난이도 전격 반영!

이 책의 집필진은 수십 년간 현장 강의 경험을 통해 매년 바뀌는 新HSK의 경향과 흐름을 파악하였고, 특히 2013년에 비해 월등히 난이도가 높아진 최근 新HSK 경향을 반영하였습니다. 출제율이 떨어지는 어휘들은 배제하였고, 최근 4~5개월 동안의 기출 경향을 담았습니다. 또한, 新HSK에 출제된 문장과 단어, 출제 특징 및 문제의 핵심 포인트를 분석하였습니다. 이를 통해 수험생들이 실제 시험과 매우 유사한 문제들로 학습하여 짧은 시간 내에 점수를 취득할 수 있게 될 것입니다.

2 응시자 눈높이에 맞춘 문제 구성

다년간의 HSK 강의 경험을 통해 많은 수험생들이 쉽게 암기하지 못하는 어휘, 어려워하는 문장 구조들을 통계 분석하여 반영하였습니다. 눈높이에 정확히 맞춰진 문제 및 어휘들을 통해 시간 낭비 없이 최단 시간에 수험 능력을 전반적으로 향상시킬 수 있도록 하였습니다.

3 북경대학의 감수로 믿고 푸는 실전 모의고사

시중에 많은 HSK 모의고사가 있지만 권위 있는 북경대학 HSK 집필진이 감수를 하고 그 결과를 반영한 모의고사는 본 서가 처음이자 마지막입니다. 다년간 HSK만을 연구하고 또 문제 출제에 참여한 경험이 있는 집필진들이 직접 감수를 한 본 모의고사는 현재 출간되어 있는 그 어떤 모의고사보다도 더 최신 출제 경향에 가까워, 본 서로 자신의 실력을 점검한 후 바로 시험장으로 갈 수 있는 단 하나의 모의고사라고 자부합니다.

본 실전 모의고사 문제집은 최근 변화된 난이도에 근거해서 HSK 강의만 10년 해온 편저자가 수험생들의 눈높이에 맞춰 집필된 훌륭한 수험 대비서임을 자부합니다. 오랜 기간 동안 심혈을 기울여 준비한 이 실전 모의고사 시리즈가 新HSK를 준비하는 모든 수험생들에게 밝은 빛을 비춰주는 등대가 되길 바랍니다.

편저자 배수진

新HSK는 국제 중국어능력 표준화 시험으로, 중국어가 모국어가 아닌 수험생의 생활·학습·업무 중 중국어를 이용하여 교제를 진행하는 능력을 중점적으로 측정한다.

1. 구성 및 용도

新HSK는 필기시험과 구술시험으로 나누어지며, 각 시험은 서로 독립되어 있다. 또한 新HSK는 ① 대학의 신입생 모집·분반·수업 면제·학점 수여 ② 기업의 인재채용 및 양성·진급 ③ 중국어 학습자의 중국어 응용능력 이해 및 향상 ④ 중국어 교육 기관의 교육 성과 파악 등의 참고 기준으로 사용할 수 있다.

필기시험	구술시험
新HSK 6급 (구 고등 HSK에 해당)	HSKK 고급
新HSK 5급 (구 초중등 HSK에 해당)	HSKK 고급
新HSK 4급 (구 초중등 HSK에 해당)	HSKK 중급
新HSK 3급 (구 기초 HSK에 해당)	HSKK 중급
新HSK 2급 (신설)	HSKK 초급
新HSK 1급 (신설)	HSKK 초급

※구술시험은 녹음 형식으로 이루어진다.

2. 등급

新HSK 각 등급과 〈국제 중국어 능력 기준〉, 〈유럽 언어 공통 참고규격(CEF)〉의 대응 관계는 아래와 같다.

新HSK	어휘량	국제 중국어 능력 기준	유럽 언어 공통 참고규격(CEF)
6급	5,000 이상	5급	C2
5급	2,500	5급	C1
4급	1,200	4급	B2
3급	600	3급	B1
2급	300	2급	A2
1급	150	1급	A1

新HSK 1급	매우 간단한 중국어 단어와 문장을 이해하고 사용할 수 있으며, 구체적인 의사소통 요구를 만족시키고 진일보한 중국어 능력을 구비한다.
新HSK 2급	익숙한 일상 화제에 대해 중국어로 간단하고 직접적인 교류를 할 수 있으며, 초급 중국어의 우수 수준이라 할 수 있다.
新HSK 3급	중국어로 일상생활, 학습, 업무 등 방면에서 기본 의사소통이 가능하며 중국에서 여행할 때 대부분의 의사소통이 가능하다.
新HSK 4급	비교적 넓은 영역의 화제에 대해 중국어로 토론할 수 있으며, 원어민과 비교적 유창하게 대화할 수 있다.
新HSK 5급	중국어로 신문과 잡지를 읽고 영화와 TV 프로그램을 감상할 수 있으며 중국어로 비교적 완전한 연설을 할 수 있다.
新HSK 6급	중국어로 된 정보를 가볍게 듣고 이해할 수 있으며, 구어 또는 서면어의 형식으로 자신의 견해를 유창하게 표현할 수 있다.

3. 접수

① **인터넷 접수 :** HSK 홈페이지(www.hsk.or.kr)에서 접수

② **우 편 접 수 :** 구비서류(사진을 부착한 응시원서 + 반명함판 사진 + 응시비 입금영수증)를 동봉하여 HSK 한국사무국으로 등기 발송

③ **방 문 접 수 :** HSK 한국사무국 또는 서울공자아카데미(HSK 한국사무국 2층)에서 접수

> **접수시간** 평일 - 오전 10시~12시, 오후 1시~5시 / 토요일 - 오전 10시~12시
> **준비물** 응시원서, 사진 3장(3×4cm 반명함판 컬러 사진, 최근 6개월 이내 촬영)

4. 시험 당일 준비물

수험표, 2B 연필, 지우개, 신분증

※유효한 신분증:

- 18세 이상 - 주민등록증, 운전면허증, 기간만료 전의 여권, 주민등록증 발급신청 확인서
- 18세 미만 - 기간만료 전의 여권, 청소년증, 청소년증 발급신청 확인서, HSK 신분확인서

> 주의! 학생증, 사원증, 국민건강보험증, 주민등록등본, 공무원증은 인정되지 않음

5. 성적 조회, 성적표 수령

시험일로부터 1개월 후 중국고시센터 홈페이지(www.hanban.org)에서 개별 성적 조회가 가능하며, 성적표는 시험일로부터 45일 이후 발송된다.

1. HSK 6급 소개

- **어휘 수** : 5,000개 이상
- **수　준** : 중국어로 된 정보를 가볍게 듣고 이해할 수 있으며, 구어 또는 서면어의 형식으로 자신의 견해를 유창하게 표현할 수 있다.
- **대　상** : 5,000개 또는 그 이상의 상용어휘 및 관련 어법지식을 가지고 있는 학습자를 대상으로 한다.

2. 시험 구성

시험과목	문제형식	문항 수		시간
듣기	제1부분	15	50	약 35분
	제2부분	15		
	제3부분	20		
	듣기 답안지 작성			5분
독해	제1부분	10	50	50분
	제2부분	10		
	제3부분	10		
	제4부분	20		
쓰기	제1부분	1		45분
합계		101		약 135분

※총 시험 시간 140분(개인정보 작성 시간 5분 포함)

3. 영역별 문제 유형

듣기	제1부분 (15문제)	**단문 듣고 일치하는 내용 고르기** 단문을 듣고 들려준 내용과 일치하는 답안을 시험지에 제시된 4개의 보기 중에서 고른다. (녹음은 1번 들려준다.)
	제2부분 (15문제)	**인터뷰 듣고 질문에 답하기** 3개의 인터뷰(취재 내용)와 인터뷰당 5개의 문제로 구성된다. 인터뷰를 듣고 들려주는 문제에 알맞은 답안을 시험지에 제시된 4개의 보기 중에서 고른다. (녹음은 1번 들려준다.)

	제3부분 (20문제)	**장문 듣고 질문에 답하기** 장문과 지문당 3~4개의 문제로 구성된다. 장문을 듣고 들려주는 문제에 알맞은 답안을 시험지에 제시된 4개의 보기 중에서 고른다. (녹음은 1번 들려준다.)
독 해	제1부분 (10문제)	**틀린 문장 고르기** 한 문제당 4개의 문장이 주어진다. 4개의 문장 중 어법 또는 논리적으로 잘못된 문장을 고른다.
	제2부분 (10문제)	**빈칸에 알맞은 단어 조합 고르기** 지문마다 몇 개의 빈칸이 있다.(한 지문당 3~5개) 문맥을 파악하여 빈칸에 알맞은 단어의 조합을 보기에서 고른다.
	제3부분 (10문제)	**빈칸에 알맞은 문장 고르기** 2개의 지문과 지문당 5개의 빈칸이 있다. 문맥을 파악하여 빈칸에 알맞은 문장을 보기에서 고른다.
	제4부분 (20문제)	**장문 독해하고 질문에 답하기** 한 지문당 몇 개의 문제가 나온다. 지문을 읽고 제시된 질문에 알맞은 답을 보기에서 고른다.
쓰 기	제1문제	**장문 읽고 요약하기** 약 1,000자 분량의 지문 한 편을 읽고(제한시간 10분), 400자 내외로 요약한다(제한시간 35분). 지문을 읽는 동안 메모는 할 수 없으며, 요약문을 쓸 때에도 지문을 다시 볼 수 없다. 요약문의 제목은 스스로 정하고, 원문의 내용을 서술할 뿐 자기의 관점이 들어가서는 안 된다.

4. 성적

성적표는 듣기, 독해, 쓰기 세 영역의 점수 및 총점이 기재되며, 총점이 180점을 넘어야 합격이다.

	만점	점수
듣기	100	
독해	100	
쓰기	100	
총점	300	

※HSK 성적은 시험일로부터 2년간 유효하다.

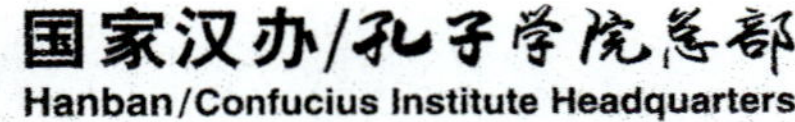

国家汉办/孔子学院总部
Hanban/Confucius Institute Headquarters

新 汉 语 水 平 考 试
Chinese Proficiency Test

HSK（六级）成绩报告
HSK (Level 6) Examination Score Report

姓名：________________________________
Name

性别：__________ 国籍：________________________
Gender　　　　　　Nationality

考试时间：________________ 年 ________ 月 ________ 日
Examination Date　　　　　　Year　　　Month　　　Day

编号：________________________________
No.

	满分（Full Score）	你的分数（Your Score）
听力（Listening）	100	
阅读（Reading）	100	
书写（Writing）	100	
总分（Total Score）	300	

总分180分为合格（Passing Score：180）

主任　________________________　国家汉办
Director　　　　　　　　　　　　　　Hanban

HANBAN

中国 · 北京
Beijing · China

차 례

新HSK 끝짱 모의고사 6급

新汉语水平考试

실전 모의고사 제1회

新汉语水平考试
HSK(六级)
全真模拟题 1

注　意

一、HSK（六级）分三部分：

1．听力(50题，约35分钟)

2．阅读(50题，50分钟)

3．书写(1题，45分钟)

二、听力结束后，有5分钟填写答题卡。

三、全部考试约140分钟(含考生填写个人信息时间5分钟)。

中国　北京　　　　　　　　　　　　　×××× / ×××××××　　编制

一、听　力

第　一　部　分

第1-15题：请选出与所听内容一致的一项。

1. A 开封被认定为夏朝都城
   B 开封是唯一的七朝古都
   C 古都学会成立时间很早
   D 夏朝是中国第一个朝代

2. A 女性爱喝糯米酒
   B 女儿红是种化妆品
   C 女儿红产于绍兴
   D 绍兴人以酿酒为主

3. A 信息过量会给人们带来困扰
   B 读热门信息要收费
   C 电脑是获取信息的主要途径
   D 人们喜欢搜集各类信息

4. A 寄信的人少
   B 纸袋保护了寄信人的隐私
   C 书店老板常替人写信
   D 书店卖邮票

5. A 空中滑板参与者众多
   B 空中滑板没有观赏性
   C 空中滑板对装备没特殊要求
   D 空中滑板很刺激

6. A 不要盲目坚持
   B 理想并非遥不可及
   C 实现理想需竭尽全力
   D 智商低的人不能认清人生方向

7. A 雪松树体矮小
   B 雪松是名贵药材
   C 雪松生长比较慢
   D 雪松具有观赏性

8. A 汽车音响对听力损伤不大
   B 开车听音乐可提神
   C 汽车音响音量不宜过高
   D 汽车音响音质更佳

9. A 原地踏步的人值得赞赏
   B 走路姿势反映人的性格
   C 走下坡路更需要勇气
   D 走上坡路能遇到更优秀的人

10. A 做事不要犹豫
    B 对待别人要严格
    C 做人要讲信用
    D 做事要适可而止

11.　A　荷叶饭清淡可口

　　　B　荷叶茶不宜长期饮用

　　　C　荷叶有减肥功效

　　　D　荷叶富含维生素

12.　A　妙峰山山势平缓

　　　B　妙峰山游客众多

　　　C　妙峰山有深厚的文化底蕴

　　　D　妙峰山有很多珍稀动物

13.　A　岫玉最昂贵

　　　B　岫玉是最早被发现的玉种

　　　C　岫玉质地坚硬

　　　D　岫玉很难开采

14.　A　银离子不能食用

　　　B　银离子能杀菌

　　　C　银是一种珍稀金属

　　　D　银离子可防辐射

15.　A　二十四节气并不科学

　　　B　二十四节气适用范围不大

　　　C　二十四节气可指导农事活动

　　　D　二十四节气已经失传

第 二 部 分

第16-30题：请选出正确答案。

16. A 表演和故事俱佳
    B 由文学名著改编
    C 贴近生活
    D 舞台布置要好

17. A 经验丰富
    B 能胜任角色
    C 戏剧专业出身
    D 外形条件最重要

18. A 深感不安
    B 应大力提倡
    C 有一定好处
    D 有待观察

19. A 要与明星合作
    B 要保留话剧本体的东西
    C 要加大宣传力度
    D 要有自己的模式

20. A 反对话剧创新
    B 尊重话剧传统
    C 喜欢古典话剧
    D 固执自己的个性

21. A 演员年轻
    B 媒体影响大
    C 制作非常棒
    D 昆曲美学价值高

22. A 速度快
    B 简单易学
    C 有些僵硬
    D 优雅

23. A 青春版《牡丹亭》很受欢迎
    B 古典戏曲没有魅力
    C 有文化的人才能看懂戏曲
    D 很多人对《牡丹亭》褒贬不一

24. A 昆曲美学价值高
    B 制作非常棒
    C 媒体大力宣传
    D 剧本写得很好

25. A 男的很小就接触昆曲
    B 昆曲是新兴剧种
    C 男的是电影演员
    D 很多人不了解中国戏剧

26.　A　会产生气泡
　　　B　需与别人合作
　　　C　不必携带装备
　　　D　更安全

27.　A　不会游泳的
　　　B　协调性差的
　　　C　上年纪的
　　　D　有心血管疾病的

28.　A　认识更多朋友
　　　B　可与自己对话
　　　C　和海洋动物接触
　　　D　提高肺活量

29.　A　性情温顺
　　　B　容易见到
　　　C　长得像猫
　　　D　体型较小

30.　A　学习难度大
　　　B　下水前准备工作繁多
　　　C　调息时需要集中精神
　　　D　训练费用高

第 三 部 分

第31－50题：请选出正确答案。

31.　A　失去
　　　B　变弱
　　　C　增强
　　　D　像平时一样

32.　A　想引起他人关注
　　　B　摆脱了人际关系的束缚
　　　C　周围太吵
　　　D　想挑战自己

33.　A　使自己更清醒
　　　B　释放精神压力
　　　C　能更好地表达自己
　　　D　增加肺活量

34.　A　国家政事
　　　B　耕种技术
　　　C　学校改革
　　　D　生活趣闻

35.　A　大受启发
　　　B　十分生气
　　　C　非常认同
　　　D　特别惭愧

36.　A　加固堤坝
　　　B　疏散人群
　　　C　禁止船只通行
　　　D　放掉些水

37.　A　置之不理
　　　B　交由地方机构处理
　　　C　定期整理上报
　　　D　听取并改正

38.　A　家中无处摆放
　　　B　画作是假的
　　　C　不满意画作
　　　D　画作被人诋毁

39.　A　这样做会连累家人
　　　B　画作多以建筑为主题
　　　C　画作摆满了房间
　　　D　画作很值钱

40.　A　要居安思危
　　　B　要重视长远利益
　　　C　要肯定自己
　　　D　要敢于接受挑战

41. A 非常奇怪
    B 值得鉴赏
    C 特别粗鲁
    D 比较幼稚

42. A 动作更加形象
    B 使诗句更押韵
    C 更显夜深人静
    D 更加简单易懂

43. A 贾岛与韩愈的友谊
    B "推敲"一词的由来
    C 贾岛学诗的趣事
    D 推敲一词的应用

44. A 夸张
    B 时尚
    C 有依赖性
    D 合理

45. A 仿生学
    B 进化论
    C 能量守恒
    D 力学

46. A 0赫兹-20赫兹
    B 300000赫兹以上
    C 20赫兹-20000赫兹
    D 20000赫兹-30000赫兹

47. A 手机不能播放超声波
    B 电脑音响音质更好
    C 蜻蜓不能发出超声波
    D 驱蚊软件只对蚊子有效

48. A 画画儿
    B 作诗
    C 下棋
    D 练书法

49. A 制造话题
    B 想让大家安静
    C 炫耀自己的才智
    D 打发时间

50. A 大吵大闹起来
    B 继续评论作品
    C 向唐伯虎道了歉
    D 默默地离开

二、阅 读

第 一 部 分

第 51－60 题：请选出有语病的一项。

51. A 新疆玉石是中国玉石中的佼佼者。
    B 能源的短缺极大地限制了这座城市的经济发展。
    C 不同的人，既然站在同一个地方，看到的风景也不尽相同。
    D 由于发行量小且具有纪念意义，纪念币往往有着较高的收藏价值。

52. A 水母含水量大多在95%以上，是世界上含水量最高的生物。
    B 屏风一般陈设于室内的显著位置，起到分隔空间、挡风及装饰等。
    C 爬上山顶后，他的眼前豁然开朗。
    D 真正的幸福需要我们一点点去争取，一天天去积累。

53. A 人们在海滩上呼吸着尽情地清新空气。
    B 山楂营养丰富，其有机酸和维生素C的含量较高。
    C 赛里木湖位于新疆的北天山山脉中，是一个风光秀美的高山湖泊。
    D 尊重数据就是尊重客观事实。

54. A 矿物质水并非矿泉水，它是用自来水加工生产而成的。
    B 生活是一面镜子，你若对它愁眉苦脸，它绝不会对你从容微笑。
    C 她的事迹鼓舞了很多正在找工作的年轻人。
    D 合适的枕头有利于保持人体正常的颈椎曲度，提高睡眠长度。

55. A 有时候眼见不一定为实，因为你所看到的很可能只是事情的一部分。
    B 命运就像自己的掌纹，虽然弯弯曲曲，而且始终掌握在自己手中。
    C 比起昨天股票市场的大幅上涨，今天的收益就惨淡多了。
    D 演讲时带上稿子，主要是为了心里踏实，不一定非得照着念。

56. A 这种新型燃料轿车车型精巧，突出体现了清洁环保的理念。

B "重温经典"系列阅读活动，对改善青少年阅读现状有着重要的意义。

C 在船上，我们遇到了一个老同学，千万没想到他也要去那个岛。

D 科学是反映自然、社会、思维等客观规律的知识体系。

57. A 科学研究不能急功近利，而应该脚踏实地，一步一个脚印地前进。

B 大明宫是东方园林建筑的杰出代表，被誉为"丝绸之路上的东方圣殿"。

C 许多人对他的成功赢得了惊异、敬佩乃至嫉妒的目光。

D 传统画竹方法多采用直幅构图法，这样可较好地体现竹子挺拔的姿态。

58. A "地球三大生态系统"之一的湿地、森林和海洋，与人类的生存发展休戚相关，具有不可替代的重要功能。

B 只有在没有任何功利的心态下，我们才能享受到学习的乐趣、并真正学到东西。

C 本市首届文化创意节日前开幕，主办方推出的一系列新颖独特的活动，受到了市民和四方游客的热捧。

D 《搜神记》是一部记录神奇怪异传说的小说集，它开创了中国古代神话小说的先河。

59. A 这幅图片表现了打扮了节日盛装的姑娘们围绕在熊熊燃烧的篝火旁载歌载舞的景象。

B 有氧运动是以增强有氧代谢能力为目的的耐力性运动，它可以有效地锻炼呼吸系统和心血管系统。

C 只有当劳动与兴趣，乃至理想有机地结合在一起时，人的潜能才会最大程度地发挥出来。

D 用简单的方法烹制出美食，同时保留住食材本身的营养，这才是科学健康的饮食方式。

60. A 你留意稍微就会发现，客家人居住的村庄和其周围的庙宇、祠堂等地方，都
      有虬干曲枝的参天柏树。

    B 一个运动员即使天赋再好，如果没有教练的悉心指导和严格训练，也难以取
      得优异成绩。

    C 《淮南子》是西汉时期的一部论文集，书中综合了诸子百家学说的精华，对
      人们研究秦汉文化具有重要的参考价值。

    D 大雪过后，一切都变了模样，就像冰雪皇后对这个世界施加了神奇的魔法一
      样。

第61-70题：选词填空。

61. 旅行中如果步履______，只会错过沿途美景；生活中______不曾停下脚步，免不
    了与幸福擦身而过。有时候我们需要放慢脚步，用心______生活的美好。

    A 繁忙　　　果然　　　感慨
    B 忙乱　　　假如　　　接受
    C 忙碌　　　好像　　　留恋
    D 匆忙　　　倘若　　　感受

62. 日前，科研人员发明了一种3D眼镜贴纸。这种贴纸不仅______低廉、携带方
    便，而且显示效果更______。有了它，近视的观众在看3D电影时，就不需要戴
    两______眼镜了。

    A 原料　　　鲜明　　　幅
    B 资本　　　明确　　　套
    C 成本　　　清晰　　　副
    D 资金　　　生动　　　支

63. 周庄古镇______中国江苏省。全镇房屋沿河而筑，一座座深宅大院，古色古香。
    此外，周庄还______了14座各具特色的古桥，它们与两岸的宅院共同构成了一
    ______"小桥、流水、人家"的水乡风景画。

    A 位于　　　保存　　　幅
    B 遍布　　　保持　　　副
    C 在于　　　保管　　　幢
    D 分布　　　保留　　　枚

64. 每个人都有一双灵活的手，相比之下，脚就_____得多。其实，在远古时代，人的手和脚都不灵活。后来在漫长的进化过程中，手和脚逐渐有了_____的分工。手主要从事_____的生产劳动，而脚主要用于_____身体和走路，因此远不如手那么灵活。

A	笨重	显著	精密	支援
B	迟缓	确切	精致	支持
C	迟钝	明显	精确	支配
D	笨拙	明确	精细	支撑

65. 豆腐虽富含营养，但也不能过量食用，_____是老年人更要注意，这是因为豆腐所含的植物蛋白质经过人体_____后，大部分都会成为废物，由肾脏排出体外。而老年人肾脏排泄废物的_____较弱，如果吃太多豆腐，势必会加重肾脏_____，加速肾功能的衰退。

A	极其	吸取	素质	负荷
B	格外	咀嚼	力量	压力
C	尤其	代谢	能力	负担
D	难怪	吸收	品质	责任

66. 水洗纸_____就是一种可水洗的纸。它的原料——天然纤维浆，不含任何有害物质，可_____使用，因此它是一种低碳环保材质。目前，水洗纸已被_____用于制作大型手提袋、服装吊牌和_____记事本封面等。

A	顾名思义	循环	广泛	高档
B	名副其实	往返	普遍	精致
C	众所周知	持续	明显	华丽
D	归根到底	重复	广阔	高级

67. 研究者在对乒乓球和拳击比赛研究后发现，身穿红色运动服的运动员比赛＿＿＿＿
更大。研究者解释说，人在＿＿＿＿时会面红耳赤，于是，红色便被下意识地跟攻
击性＿＿＿＿在了一起，所以红色运动服能对对手形成心理＿＿＿＿。

A	输赢	挑衅	联络	恐吓
B	胜负	害羞	联合	示威
C	胜算	发怒	联系	威慑
D	成功	拼命	联想	畏惧

68. 明前茶泛指清明节前采摘的茶叶。这样的茶叶经过一个冬天的＿＿＿＿，芽叶细
嫩，味道＿＿＿＿。但由于清明前气温较低，茶发芽＿＿＿＿有限，且生长速度较
慢，能达到采摘＿＿＿＿的很少，所以有"明前茶，贵如金"之说。

A	滋养	清新	数量	标准
B	培养	清淡	分量	规定
C	保养	清晰	数字	条约
D	滋润	清澈	数额	原则

69. 斯佩里神经生理学的重要发现告诉人们：人脑的左半球主管抽象思维，右半球
则＿＿＿＿形象思维和灵感思维。＿＿＿＿生活中，大约90%的人习惯用左脑思考，
只有10%的人善于用右脑思考。其实，只有善于同时＿＿＿＿左右脑思考的人，才
具有较高的＿＿＿＿能力。

A	负担	平常	发动	发明
B	承担	普通	调动	开发
C	担任	平淡	应用	创新
D	负责	日常	运用	创造

70. 彩陶最早出现于新石器时代。最_____的当属河南仰韶村出土的、距今已有5000
　　到 7000 年历史的彩陶。它是仰韶文化的_____，因此仰韶文化又有"彩陶文
　　化"的_____。彩陶既是当时的生活_____，又是_____的艺术品，堪称中华民族
　　的瑰宝。

A	显著	象征	名誉	家具	惟妙惟肖
B	经典	表现	称号	玩具	精益求精
C	著名	代表	盛誉	用具	精美绝伦
D	杰出	记号	名牌	工具	难能可贵

第 三 部 分

第71-80题：选句填空。

71-75.

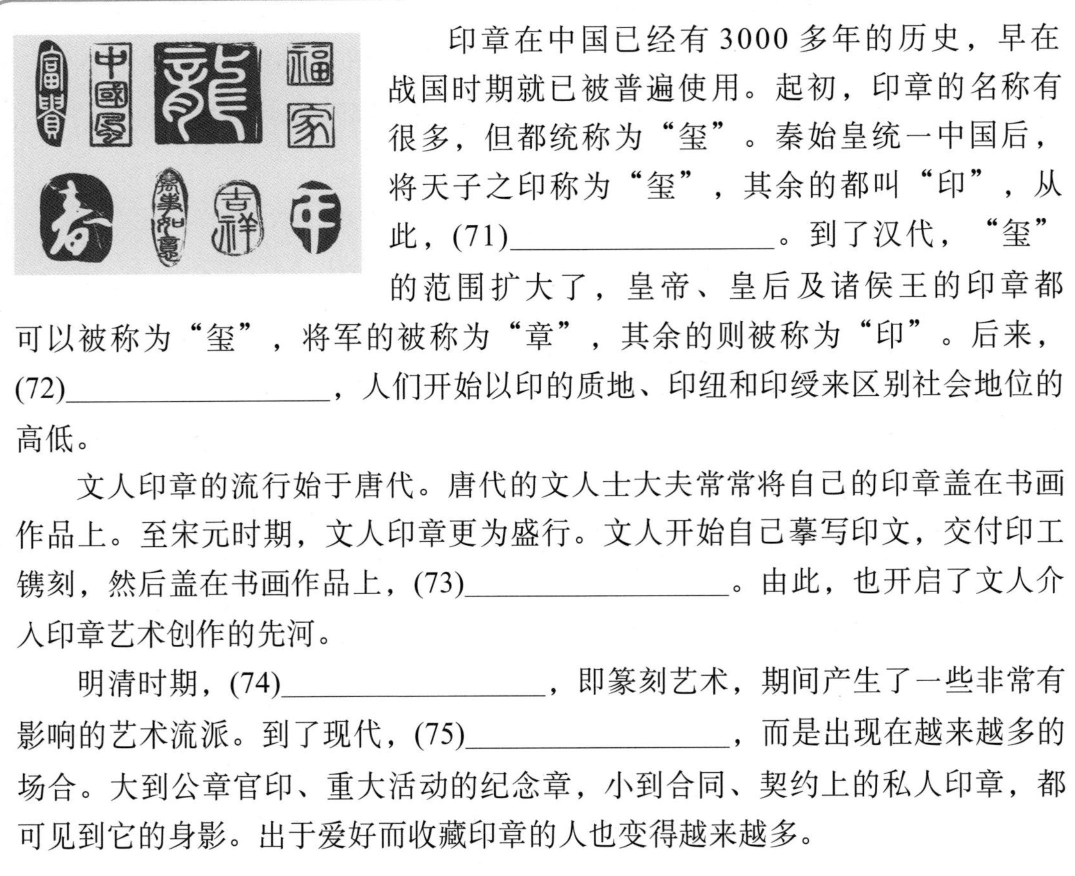

印章在中国已经有 3000 多年的历史，早在战国时期就已被普遍使用。起初，印章的名称有很多，但都统称为"玺"。秦始皇统一中国后，将天子之印称为"玺"，其余的都叫"印"，从此，(71)＿＿＿＿＿＿＿＿＿。到了汉代，"玺"的范围扩大了，皇帝、皇后及诸侯王的印章都可以被称为"玺"，将军的被称为"章"，其余的则被称为"印"。后来，(72)＿＿＿＿＿＿＿＿＿，人们开始以印的质地、印纽和印绶来区别社会地位的高低。

文人印章的流行始于唐代。唐代的文人士大夫常常将自己的印章盖在书画作品上。至宋元时期，文人印章更为盛行。文人开始自己摹写印文，交付印工镌刻，然后盖在书画作品上，(73)＿＿＿＿＿＿＿＿＿。由此，也开启了文人介入印章艺术创作的先河。

明清时期，(74)＿＿＿＿＿＿＿＿＿，即篆刻艺术，期间产生了一些非常有影响的艺术流派。到了现代，(75)＿＿＿＿＿＿＿＿＿，而是出现在越来越多的场合。大到公章官印、重大活动的纪念章，小到合同、契约上的私人印章，都可见到它的身影。出于爱好而收藏印章的人也变得越来越多。

A 书法篆刻的应用已不仅仅局限于诗画作品

B 使印与诗文书画合为一体

C "玺"成为了权力的象征

D 随着印章文化的发展与丰富

E 印文的摹写与镌刻发展成为一门独特的艺术

76-80.

心理学家认为，暗示有着不可思议的力量。(76)＿＿＿＿＿＿＿＿＿＿，从而影响人的某些生理功能、健康状况和工作能力。

《世说新语》里有这样一则故事。一次，曹操领兵出征走错了路，一直找不到水。士兵们渴得嗓子都快冒烟了。曹操见状，便指着前方对士兵们说，前面有一大片梅林。士兵们一听，便联想到梅子的酸味，顿时流出口水，(77)＿＿＿＿＿＿＿＿＿＿。于是，队伍士气大振，又继续向前走了几十里路，终于找到了水源。这就是家喻户晓的"望梅止渴"的故事。曹操利用语言暗示，达到了给士兵解渴的效果，稳定了军心。这种暗示在心理学上被称为"他暗示"。

语言不仅对他人有暗示作用，(78)＿＿＿＿＿＿＿＿＿＿。当你渴得厉害时，如果心里想着前面就有卖水的，也能起到暂时缓解口渴的作用。这在心理学上被称为"自我暗示"。自我暗示的用处很多，范围也很广，只是开始时，(79)＿＿＿＿＿＿＿＿＿＿。这不奇怪，因为人的心理并不是一下子就能改变的。自我暗示发挥作用也需要一个过程，但只要我们持之以恒，不断给自己积极的心理暗示，(80)＿＿＿＿＿＿＿＿＿＿。

A 暗示会使人的心境、兴趣和情绪等发生变化

B 就一定可以将心态调整到最佳状态

C 还有自我暗示的功能

D 效果往往不够明显

E 也不感到那么渴了

<h1 align="center">第 四 部 分</h1>

第 81-100 题：请选出正确答案。

81-84.

在大型超市购物时，消费者往往会购买一些原本没打算买的东西。这难道是因为消费者的购物冲动吗？原因并没那么简单。这其实跟超市商品的摆放有着很大的关系。

超市商品的摆放，看似毫无规律，实则暗藏玄机。超市在推崇消费者"自选"的同时，会利用商品的特殊摆放来引导消费者购物。例如，某些超市为了将相对陈旧的商品优先销售出去，会把最新的商品摆在货架里面，而把出厂日期较早的商品摆在最外面。

利用位置优势推销商品是超市常用的一种营销策略。据业内人士介绍，超市的货架从上到下一般分为上段、黄金段、中段和下段4大段位。与顾客视线平行的位置即所谓的黄金段，齐腰的位置算是中段。黄金段与中段是最能吸引消费者的段位，也是商家最看好的位置。一般来说，超市会把利润较大的商品、自有品牌商品或独家代理商品，以及消费者选购较多的商品摆放在黄金段和中段；而价格相对低廉，或是进入衰退期的商品则多被放在下段。另一方面，同一系列的商品在摆放时，往往呈纵向陈列，这样，消费者站在货架旁边时，就能一目了然地看到货架上所有的相关商品。

另外，超市还会不定期地举行促销活动。促销商品往往被分散在超市内的多个促销展位上，并用红色或黄色等颜色比较鲜艳的牌子予以标示，以吸引消费者的关注，提高该商品的销售量。

81.　为什么有些超市会将最新的商品放在货架最里面？

　　A　想先卖掉陈旧商品

　　B　还未定价

　　C　应厂家要求

　　D　为了保鲜

82.　关于货架的黄金段，下列哪项正确？

　　A　不受商家重视

　　B　位置最有利

　　C　利用率低

　　D　多摆放贵重饰品

83.　促销牌子多用鲜艳的颜色是为了：

　　A　提醒收银员

　　B　引起消费者关注

　　C　营造节日气氛

　　D　使超市变得更加明亮

84.　最适合做上文标题的是：

　　A　如何买到物美价廉的商品

　　B　超市装修与商品销量的关系

　　C　超市商品摆放的秘密

　　D　冲动购物与理性消费

女书是记录湖南江永、道县等地方言的一种文字，因其只在妇女中流传使用，男人不识，故称女书。女书于20世纪80年代被发现，这一消息一经公布，就震惊了中外。这是迄今为止世界上唯一的女性文字。它的发现被中外学者称为"中国文字史上的奇迹"。

女书的字形与汉字相似，但又有不同之处。女书字形倾斜，略呈菱形，笔画纤细飞扬，自由舒畅，因而当地妇女也叫它"长脚文"。其书写方式与中国古代文字的书写方式相同：上下留白，行文自上而下，走形从右至左，通篇没有标点符号。另外，女书仅有点、竖、斜、弧4种笔画。据统计，女书约有2000个单音字，它们几乎能应对日常生活的各个方面。

严格来讲，女书应该叫女字，用这种文字写成的作品才叫女书。女书作品几乎都是诗歌，主要为七言诗，少数为五言诗，一般书写在精致的宣纸、扇面或布帕上。其作品用途多样，不仅可以用于女子间通信，记录出嫁、结拜、祭祀和悼念等活动，还可以用来记录历史上的大事件。一些中国民间故事，如《肖氏女》、《三姑记》等也被她们翻译成了女书唱本，在当地妇女中传唱。

女书的使用者、欣赏者乃至创造者都是普通女性，传承也是由母亲传给女儿，上辈传下辈，传女不传男。但令人遗憾的是，由于经费、人力等多方面的原因，女书资料的收集和整理工作愈加困难，女书作品散失严重，再加上现在能阅读和书写女书的人越来越少，女书已濒于绝境，它的光辉似乎被尘封在了古老的岁月里。

85. 根据第1段，这种文字为什么叫"女书"？

    A 只在女性间流传使用

    B 最早的发现者是女性

    C 发明的第一个字是"女"

    D 记录的内容都是关于女性的

86. 女书的字形有什么特点？

    A 为椭圆形

    B 与女性形体相似

    C 棱角分明

    D 细长倾斜

87. 第3段主要谈的是：

    A 女书的用途

    B 女书的书写步骤

    C 女书对诗歌的影响

    D 女书的演变

88. 根据第4段，令人遗憾的事情是什么？

    A 女书难以应付现代生活

    B 女书传女不传男

    C 关注女书的人越来越少

    D 女书面临消失的危险

一个团队中难免会有人犯错。如果你是团队领导，员工出错了你会怎么办？是等他自己醒悟，还是毫不留情地指出他的错误？性格直率的领导往往会选择后者，但这样可能会在无形中挫伤员工的工作积极性，甚至影响整个团队的工作效率。

人力资源专家建议，身为团队领导，你首先要在全体会议等公开场合反复强调团队原则，包括做事方式与底线，通过不断强调，将员工犯错的概率降到最低。

如果发现员工依然会犯错，那你就需要找他进行一对一的交流了。当面交谈要比通过邮件、短信等间接交流方式效果好得多，也能更清楚地传达你的意思。面谈的地点可以选在自己的办公室，但最好别去会议室，因为就算会议室只有你们两个人，也会让员工觉得太过正式而感到压抑。

当给予员工负面反馈的时候，你首先要保持客观与平和的态度。无论员工犯的是何种错误、他对你是什么态度，永远要记住对事不对人，就事论事，不要上升到对员工个人的抱怨。当然，你也不要觉得作为领导，自己就是团队的权威，员工应无条件服从。这样的做法只会令员工反感。

另外，交流时应直奔主题，尽量将自己的意思说透，让员工明确知道哪里需要改正。当然，直截了当并不意味着可以毫无保留地一吐为快，领导同样也要照顾员工的情绪。在任何情况下，对员工做出的负面反馈都不应该以破坏合作，甚至影响团队为代价。

反馈完了就行了吗？如何检验你给出的负面反馈是否有效呢？人力资源专家认为，最好将此落实到书面形式上，以确保执行力。如果与员工进行的是重要谈话，那么一定要让他给你写一个书面总结。之后，还要对其工作进行跟踪、了解，比如对其所做的某件事、某个任务的计划、进程等一直跟踪，直到处理完毕为止。

89. 毫不留情地指出员工的错误会：
    A 提高团队的工作效率
    B 帮他们更快改正
    C 树立领导的权威
    D 挫伤他们的工作积极性

90. 领导不断强调团队原则是为了：
    A 给员工施加压力
    B 减少不必要的财务损失
    C 降低员工犯错几率
    D 增强团队凝聚力

91. 下列哪项不是与员工进行面谈时需要注意的？
    A 不要抱怨
    B 心态要客观
    C 交流要直接
    D 选择正式的谈话场合

92. 最后一段主要谈的是：
    A 工作总结的格式要求
    B 怎样帮助员工完成任务
    C 如何检验负面反馈是否有效
    D 负面反馈对员工的心理影响

人们总说"柔情似水"，水在人们印象中历来以"温柔"著称。我们平时看到的水似乎总是毫无冲击力，这是由于它处于静止状态或流速缓慢的缘故。随着科技的迅速发展，人们已经有办法使看似柔弱无力的水一反常态，变得坚硬起来。

早在20世纪80年代，科学家就已经研发出一项新的加工技术——高压水射流切割技术，人们形象地称之为"水刀"。其实，水刀就是一束很细的高压水射流。当人们迫使水以超过声速的速度通过极小的喷嘴时，聚集而成的高压水射流就具有了切割多种材料的能力。水喷射而出时的压强在50兆帕以上，相当于在一平方毫米的面积上放5千克物体所产生的压强。

这种超声速的水流射到被加工材料的瞬间，由于突然受到阻碍，其速度会急剧下降，而压力却骤然增加，顷刻间就会产生巨大的冲击力，使被加工的部位发生脆性断裂，从而达到对材料进行切割的目的。假如在水中掺入硅石等磨削材料，水射流的切割能力还会成倍增加，并且切割效果明显优于金属刀具。

此外，用水刀还可以加工金属刀具无法加工的复杂型面和沿任意曲线切开的零部件，而且加工过的工件切口整齐光滑，没有粗糙的边缘、分层、撕扯或变形等问题。同时，在加工过程中，水刀所引起的振动和噪声都很小，哪怕产生少量切屑也会随水流走，不会出现切屑飞扬的情况，且工作过程中产生的热量也几乎可以全部被水带走。另外，水刀还有一个突出的优点，那就是它不存在刀具磨损的问题，并且用过的水可以回收再利用，这样又达到了节约用水的目的，真可谓一举两得。

93. 根据第1段，水给人们的印象是：

A 汹涌澎湃

B 坚硬

C 柔弱无力

D 纯净

94. 水刀的实质是什么？

A 金属刀具

B 高压水射流

C 硅石磨削材料

D 超低速水流

95. 第3段主要谈的是什么？

A 使用水刀的注意事项

B 水刀的制作过程

C 水刀的工作原理

D 水刀的应用领域

96. 下列哪项是水刀的优点？

A 省电

B 轻巧

C 操作简单

D 工作时产生的热量低

　　梨汁、苹果汁和香蕉汁等果汁都很容易变色。变色后不仅颜色难看，而且味道也会受影响。怎样才能使它们不变色呢？不妨往里面加点儿柠檬汁。

　　果蔬中或多或少都含有多酚化合物，去皮之后，这些化合物就暴露在空气中，被氧化生成醌化合物很容易相互作用生成褐色素，使食物变色。而柠檬汁中含有大量的抗坏血酸，添加到果蔬汁里，会迅速氧化，从而消耗掉多酚周围的氧气，使多酚免受氧气的攻击，保持果蔬新鲜的颜色。

　　在食品工业中，人们根据柠檬汁的作用机理，在果蔬汁中添加了抗坏血酸，以保持其外观和风味。此外，人们也会在肉类制品中加入抗坏血酸。因为肉中的油脂氧化时会释放出难闻的气味，而抗坏血酸的加入，可以防止油脂被氧化，保持肉的新鲜。

　　此外，抗坏血酸被氧化后会生成脱氧抗坏血酸，这些脱氧抗坏血酸易与氢原子发生反应。人们利用这一特性，在面粉中加入抗坏血酸，以增加面团韧性。这是因为面粉中的谷胶蛋白含有许多巯基——由一个硫原子和一个氢原子组成的原子团。当我们揉面时，巯基中的氢原子会被脱氧抗坏血酸"夺走"，而剩下的硫原子就会两两相连形成二硫键。当大量的二硫键产生后，面团中的谷胶蛋白就会组成一个巨大的网络，从而让面食更筋道。

　　大多数的食品添加剂本身并没有营养，它们的存在只是为了改善食品的风味、口感以及增加食品的稳定性。但抗坏血酸并不属于这个"大多数"。虽然作为食品添加剂时，它通常被叫做"抗坏血酸"，但它本身也是人体所需要的营养成分之一——维生素C。维生素C不稳定，光照、加热或与空气、金属容器接触等，都会使它失去活性。但正是由于这种不稳定性，才使维生素C具有良好的抗氧化性。它进入人体后，可以保护细胞免受氧化损伤；添加到食品中时，又可先被氧化，从而保持食品中其它成分的稳定。

97.　果蔬中的多酚化合物暴露在空气中会使食物：

A　变酸

B　变干

C　变色

D　腐烂

98.　为什么肉类制品会释放出难闻的气味？

A　细菌滋生

B　存放方法不当

C　添加了化学成分

D　油脂被氧化了

99.　在面粉中加入抗坏血酸可以：

A　让面团变软

B　使面食更易消化

C　增加面团韧性

D　缩短面团的发酵时间

100.　抗坏血酸与大多数食品添加剂的不同之处在于：

A　有营养价值

B　稳定性强

C　能令食物口感更好

D　不易被人体吸收

第 101 题：缩写。

(1)　　仔细阅读下面这篇文章，时间为10分钟，阅读时不能抄写、记录。

(2)　　10分钟后，监考收回阅读材料，请你将这篇文章缩写成一篇短文，时间为35分钟。

(3)　　标题自拟。只需复述文章内容，不需加入自己的观点。

(4)　　字数为400左右。

(5)　　请把作文直接写在答题卡上。

　　相传杜康受黄帝之命负责粮食生产工作，他对此事尽心尽力。那时，土地肥沃，风调雨顺，年年丰收，粮食越来越多。但因为没有仓库，杜康只得把收获的粮食堆放在山洞里。但山洞阴暗潮湿，时间一长，存放的粮食全都发霉了。黄帝知道这件事后，非常生气，降了杜康的官职，让他去保管粮食。杜康由一个负责粮食生产的大臣，一下子降成了粮食保管员，心里十分难过。他暗下决心，一定要把保管粮食这件事做好。

　　有一天，杜康在一片树林里发现了几颗枯死的大树，这些大树的树冠都没了，只剩下空心的树干。他灵机一动，心想：假如把粮食都装在空空的树干里，应该不会发霉了吧？杜康把这个想法告诉了大家，大家都觉得这个办法不错。于是，他们把树林里枯死了的大树都修整了一番，然后把收获的粮食全部装了进去。

　　这个保管粮食的方法差不多用了两年。一天，杜康去树林里查看粮食的保管情况，突然发现一棵装有粮食的枯树周围躺着山羊和兔子等动物。起初他以为这些动物是病死在那里的，可走近一看，却发现它们还活着，只是在睡大觉而已。当他正在纳闷是怎么一回事时，却发现又有两只山羊走到另外一棵装有粮食的枯树前舔起树根来。这两只山羊舔了一阵儿后，跌跌撞撞地走了两步，便倒在地上。

　　杜康连忙跑过去仔细查看树根。原来装粮食的枯树正不断地往外渗水，这些动物可能就是舔了这些水才睡着的。杜康一闻，发现渗出的水气味芳香，便不由得尝了一口。虽然味道有些辛辣，但他觉得特别好喝，于是又忍不住喝了几口。这一喝不要紧，一会儿工夫他就觉得天旋地转，竟然也倒下睡着了。

　　当他醒来时，天都已经黑了。不知是睡了一觉，还是因为喝了这香浓的水的缘故，杜康觉得精神饱满，浑身是劲儿。他顺手摘下系在腰间的葫芦，装了一些水带了回去。

　　杜康回去后把他所经历的一切，向大家讲述了一遍，又把带回的水让他们品尝，人们都觉得此事很稀奇。有人提出赶快把此事报告给黄帝，但有人却不同意，怕黄帝再次怪罪杜康保管粮食不力。杜康说："事到如今，不管是好是坏，绝不能瞒着黄帝。"说完，他便提着那个葫芦去见黄帝了。

　　黄帝听完杜康的汇报，又品尝了他带来的水，便立刻召来各位大臣商议此事。大臣一致认为是粮食的元气化成的。因此，黄帝命杜康继续观察这种水是否有毒。在确定这种水可以饮用后，黄帝又命大臣们给这种水起个名字，有位大臣把它命名为"酒"。于是，"酒"便诞生了。后来，人们为了纪念杜康，便尊称他为"酿酒始祖"，他的名字也成为了美酒的代称。

新HSK 끝짱 모의고사 6급

新汉语水平考试

실전 모의고사 

新汉语水平考试
HSK(六级)
全真模拟题 2

注　意

一、HSK（六级）分三部分：

    1．听力(50题，约35分钟)

    2．阅读(50题，50分钟)

    3．书写(1题，45分钟)

二、听力结束后，有5分钟填写答题卡。

三、全部考试约140分钟(含考生填写个人信息时间5分钟)。

中国　北京　　　　　　　　　　　　　　×××× / ×××××××　　编制

一、听　力

第　一　部　分

第1-15题：请选出与所听内容一致的一项。

1. A 长寿面很宽
   B 除夕时要吃长寿面
   C 长寿面寓意富贵
   D 吃长寿面的习俗始于汉代

2. A 蝴蝶兰颜色淡雅
   B 蝴蝶兰香气迷人
   C 蝴蝶兰花姿优美
   D 蝴蝶兰会跳舞

3. A 健康是幸福的基础
   B 幸福感与心态有关
   C 压力大的人幸福感低
   D 幸福有明确定义

4. A 鳞片能帮助蛇保暖
   B 鳞片可辅助蛇爬行
   C 蛇的药用价值极高
   D 蛇的脚从没全退化

5. A 黑西红柿产量低
   B 黑西红柿对人体有益
   C 黑西红柿易保存
   D 黑西红柿的枝叶是黑色的

6. A 责任感很重要
   B 逃避不能解决问题
   C 要有长远眼光
   D 有责任感的人脾气大

7. A 火把节禁止赛马
   B 火把节近些年才流行起来
   C 火把节是彝族独有的节日
   D 火把节多在农历六月举行

8. A 应多征求别人意见
   B 要敢于承认错误
   C 做决定时要谨慎
   D 不可避免自己的决定

9. A 听音乐会分散精力
   B 听音乐能减轻运动时的疲劳
   C 每天应进行适量运动
   D 随音乐运动会降低耐力

10. A 科学家已找到替代能源
    B 化石燃料污染大气
    C 全球能源需求逐年下降
    D 化石燃料面临枯竭

11.　A　极限运动对身体素质要求不高
　　　B　极限运动追求超越自我
　　　C　极限运动处于起步阶段
　　　D　极限运动不存在危险

12.　A　心态影响成败
　　　B　输赢并不重要
　　　C　要重视与他人的差异
　　　D　细节决定胜负

13.　A　植物靠根茎吸取养分
　　　B　植物在湿热环境下更喜午睡
　　　C　植物午睡可减少水分流失
　　　D　植物午睡可加速光合作用

14.　A　八大处山势较高
　　　B　八大处是健身的理想场所
　　　C　八大处是座寺庙
　　　D　八大处冬季不开放

15.　A　成功需要专注
　　　B　做决定时要慎重
　　　C　要多听听别人的意见
　　　D　不要急于求成

第 二 部 分

第16-30题：请选出正确答案。

16. A 获得满足感大
    B 市场需求很大
    C 对专业要求不高
    D 能开阔眼界

17. A 不便携带
    B 不宜存放
    C 效率较低
    D 清晰度低

18. A 损害了他的权益
    B 无所谓
    C 有积极影响
    D 感到惭愧

19. A 有创意
    B 敢于尝试
    C 善于倾听
    D 有效力

20. A 很看重研究
    B 急于求成
    C 不在乎别人的看法
    D 做事执着

21. A 是绘画的基础
    B 应临摹著名大师的作品
    C 可以激发灵感
    D 限制画家的创新意识

22. A 笔墨凝练
    B 讲究写意
    C 构图工整
    D 色彩明快淡雅

23. A 画家性格
    B 别人评价
    C 流行趋势
    D 客户需求

24. A 修身养性
    B 仔细观察生活
    C 向其他画家请教
    D 多亲近自然

25. A 要举办画展
    B 要创作曲或舞的诗词
    C 喜欢含蓄的画风
    D 认为绘画要有感而发

26. A 材料价格
    B 房间格局
    C 木材品质
    D 客户需求

27. A 制作
    B 选材
    C 展示
    D 设计

28. A 木材使用年限
    B 木材硬度
    C 家具类型
    D 房屋装修风格

29. A 使木材表面的粗糙度降低
    B 增加木材香味
    C 确保木材性能稳定
    D 防止虫蛀

30. A 喜欢用稀有木材
    B 从小就对家具制造感兴趣
    C 不善于与别人打交道
    D 种过树

第 三 部 分

第31-50题：请选出正确答案。

31.　A　不畏严寒
　　　B　多长在悬崖边
　　　C　枝叶紧密相连
　　　D　成片生长

32.　A　利于呼吸
　　　B　便于迁移
　　　C　利于接收光照
　　　D　便于吸收水分

33.　A　要勇于面对困难
　　　B　要学会因地制宜
　　　C　不要相信别人
　　　D　成功要学会"借力"

34.　A　加量饮料卖得好
　　　B　具有广告效应
　　　C　结果与预期不符
　　　D　消费者喜欢讨价还价

35.　A　数字越大越优惠
　　　B　名牌产品更可信
　　　C　一分价钱一分货
　　　D　促销商品更划算

36.　A　要学会计算
　　　B　要懂得投资
　　　C　要节约
　　　D　做事要有条理

37.　A　饮料利润高
　　　B　要懂得知足常乐
　　　C　增数盲点很普遍
　　　D　购物不要货比三家

38.　A　依附地表植被
　　　B　需水量很少
　　　C　发芽速度快
　　　D　根系很发达

39.　A　叶面宽
　　　B　可防风固沙
　　　C　高度可达15米
　　　D　多长在潮湿地带

40.　A　要有长期计划
　　　B　要及时抓住机遇
　　　C　要承担责任
　　　D　要乐观面对人生

41. A 改变
    B 自由
    C 灵敏
    D 整齐

42. A 对称才会产生美
    B 自然界不存在完全对称
    C 不对称有偶然性
    D 对称是一种正常现象

43. A 生物进化速度不一
    B 细胞内原生质不对称
    C 外力作用
    D 细胞变异

44. A 广受欢迎
    B 足球里面没有科学道理
    C 源于欧洲
    D 球的冲击力大

45. A 无规律可循
    B 球的冲击力大
    C 守门员的反应时间不够
    D 罚球点离球门远

46. A 罚球运动员的表情
    B 球的行进路线
    C 风向
    D 预感

47. A 有可能发挥失常
    B 与队友合作密切
    C 熟知守门员扑球规律
    D 在球队中技术最棒

48. A 顽强的意志与合作精神
    B 比赛技巧
    C 队友的竞争
    D 整齐划一的动作

49. A 客观条件多变
    B 只适用于体育运动
    C 只有坚持对的才能胜利
    D 多数与事实不符

50. A 成功有时要靠运气
    B 拔河结果与绳子长短有关
    C 要有自己的想法
    D 拔河双方人数相同

二、阅 读

第 一 部 分

第 51－60 题：请选出有语病的一项。

51. A 岸边的华灯倒映在湖中，比如无数银蛇在游动。

    B 《皇帝内径》是中国现存最早的一部医学经典著作。

    C 今年风调雨顺，庄稼一定会有个好收成。

    D 人的心就像一个容器，装的快乐多了，烦恼自然就少了。

52. A 长江江豚是国家二级保护动物，被誉为"水中大熊猫"的称号。

    B 世上本没有路，走的人多了，便变成了路。

    C 一到夏天就会有很多人来什刹海消夏避暑。

    D 经朋友引荐，我终于见到了这位在学术上卓有成就的老前辈。

53. A 50%的受访者表示，低价是他们选择网购的首要原因。

    B 秦淮河是南京古老文明的摇篮，在历史上极负盛名。

    C 能源的短缺极大地限制了这座城市的经济发展。

    D 热带雨林树木繁杂且品种繁茂，是地球上过半数动植物的栖居场所。

54. A 公园里到处可以听到悦耳的乌鸦和盛开的鲜花。

    B 今年世界无线电日的主题是"珍惜频谱资源，保护电磁环境"。

    C 单电相机因时尚的外形和出色的画质，正逐渐成为专业相机市场的新宠。

    D 每个人都有缺点，但不是每个人都能做到客观、公正地评价自己

55. A 对于公司人才闲置的现象，王经理至今还没有拿出一个有效的解决方案。

    B 幼儿园里的奇幻魔术表演遭到了许多小朋友的掌声。

    C 这种新型抗癌药能有效降低结肠癌的复发率。

    D 海浪拍打着礁石，激起了洁白晶莹的水花。

56. A 她说话总是慢条斯理，做事也不慌不忙的。

B 有位哲学家曾说："三样东西有助于缓解生活的辛劳：希望、睡眠和笑。"

C 紫罗兰除了具有观赏性，还有清热解毒和美白祛斑的功效。

D 要实现梦想，宁可下一百次决心，也要付诸一次行动。

57. A 岩画在中国南北方均有分布，其内容多为狩猎、战争等为主。

B 学习的最终目的是学会思考并具有独立的判断能力。

C 今年5月至8月，海淀博物馆展出了来自颐和园的60多件家具。

D 生活绝不可能一帆风顺，遇到挫折或处于低谷时，自信和乐观尤为重要。

58. A 光年是指光在真空中沿直线传播一年的距离，它是长度单位，一般用来衡量天体间的距离。

B 为了保护文化遗址的考虑，余杭良渚文化遗址的大部分区域仍处于未发掘状态。

C 人们都说"猫是老鼠的天敌"，但有些养尊处优的猫早已把抓老鼠的本领忘得一干二净了。

D 松岙镇充分发挥地理和生态优势，全力打造"海洋科技新城"和"休闲度假名镇"。

59. A 梅花象征着中华民族不屈不挠、坚强乐观的品格，因此，咏梅也成为了中国诗歌的传统题材。

B 每当回忆起和他朝夕相处的日子，他那和蔼可亲的模样总会浮现在我的眼前。

C 鲜柠檬维生素含量极高，能防止和增长皮肤色素沉着，是天然的美容佳品。

D 幽默的语言不仅能缓和尴尬的场面、消除人们的拘谨和不安，还能调解小小的矛盾。

60. A 吃过饭后，血液会集中供向消化系统，从而导致流向大脑的血流量减少，大脑兴奋性比较降低很多，因此饭后人常常会犯困。

B 到了黄果树瀑布而不进水帘洞，就不算真正领略了黄果树瀑布的雄奇和壮观。

C 一项关于百岁老人的研究发现，亲密的朋友关系与和谐的家庭氛围是人长寿的秘诀。

D 《牛郎织女》、《孟姜女》、《梁山伯与祝英台》与《白蛇传》被称为中国四大民间传说。

第 二 部 分

第 61-70 题：选词填空。

61. 路的重要性不但在于其功能意义，还在于它的＿＿＿意义。老路＿＿＿的是一种
    古老的生活方式，＿＿＿着某种古老的价值观。走在老路上，你＿＿＿会停下脚
    步，慢慢回味与思考过往。

A 审查	发言	包围	常常
B 审判	象征	围绕	不止
C 审理	预兆	包括	不免
D 审美	代表	包含	不禁

62. 口技是古老的民间表演艺术，也是中国文化艺术的＿＿＿遗产。口技表演者多隐
    藏在布幔或屏风后边，用嘴＿＿＿出各种声音，如火车声、鸟鸣声等，使听者产
    生＿＿＿的感觉。

A 珍贵	仿造	恰到好处
B 稀有	效仿	莫名其妙
C 宝贵	模仿	身临其境
D 贵重	模拟	喜闻乐见

63. 一＿＿＿研究指出，幸福感很大程度上是由大脑中的一种基因——血清素决定
    的。由于每个人体内的这种基因＿＿＿都不同，人们对生活的满意程度也不同，
    因此科学家把这种基因＿＿＿做"幸福感基因"。

A 项	结构	称
B 行	状态	喊
C 列	形状	诵
D 份	比例	念

64. 纪录片是一种以真实生活为_____素材，以真人真事为表现对象，并用真实来_____人们思考的电影或电视艺术，它的_____是展现真实。因此，纪录片对再现历史与人类文化生活有着重要的意义。

    A 写作   开发   根源

    B 创作   引发   本质

    C 创立   引导   核心

    D 塑造   启发   标志

65. 啤酒盖儿最初的锯齿数并不_____，后来，设计者为了能快速打开瓶盖儿，不断对锯齿设计进行了_____。其主要_____有两个：一是密封性，二是咬合度。也就是说瓶盖儿既要_____与瓶口的接触面积，增加摩擦力，又要方便开瓶，而21个锯齿正是这两个要求的最佳折中。

    A 固定   修改   依据   保证

    B 稳定   修复   收据   保留

    C 坚固   改良   证据   证实

    D 坚定   改正   数据   保障

66. 强迫症是以反复持久的强迫观念或强迫动作为主要_____的病症。有这种症状的病人明知自己的某种想法或做法不必要，但却无法_____而反复地想或做。这种明知不_____，但又无法摆脱的状态往往使病人感到非常_____。

    A 目标   操纵   切实   苦涩

    B 体现   支配   适宜   悲哀

    C 象征   限制   恰当   艰苦

    D 表现   控制   合理   痛苦

67. “驴友”一词源自网络，是对户外运动或自助旅行爱好者的称呼，_____指经常
    参加一般性探险、爬山等活动的爱好者。因为“驴”和“旅”_____，且驴子能
    驮重物，_____，所以，这一称呼也让旅游爱好者感到很_____。

A	大致	类似	任劳任怨	自满
B	格外	相似	任重道远	欣慰
C	极其	相同	苦尽甘来	骄傲
D	尤其	谐音	吃苦耐劳	自豪

68. 荣宝斋木版水印是根据画稿笔迹的粗细长短、曲直方圆、刚柔枯润_____分版
    _____勾摹，再刻成若干板块，_____原作叠印的。它是一种纯手工的印刷工
    艺，追求传统书画的笔墨和神采，是雕版印刷技术中的一项_____技艺。

A	实行	对比	归还	卓越
B	履行	参考	恢复	高级
C	运行	参照	重现	高超
D	进行	对照	还原	顶尖

69. 《最强大脑》是中国首档科学励志类电视节目，也是少见的专注于_____脑科学
    知识和脑力竞技的节目。该节目每集都有不同的_____，邀请了众多领域的高手
    前来挑战。在这里，全国各地的天才们轮番上阵，纷纷晒出看家_____，展现出
    了超越想象的_____技能。

A	普及	题目	特长	神圣
B	推广	题材	本事	惊讶
C	宣传	焦点	本能	惊奇
D	传播	主题	本领	神奇

70.　"买椟还珠"原指那些没有眼光、______的人买来珠宝，却只留下漂亮的盒子。
现在这个成语______有了新解："椟"可被视为包装，"珠"则可被视为产品。
很多时候人们对一件商品的心动就是从包装开始的，因为许多人都有这种______，
精致且富于美感的包装往往______着里面的东西拥有更高的品质。

A　舍本逐末　　　似乎　　　错觉　　　意味
B　莫名其妙　　　何必　　　知觉　　　提示
C　知足常乐　　　或许　　　幻觉　　　示意
D　理直气壮　　　反而　　　觉悟　　　抒发

第 71-80 题：选句填空。

71-75.

　　乔家大院位于山西省祁县乔家堡村，始建于清代乾隆年间，是清代著名的金融家乔致庸的宅第。(71)＿＿＿＿＿＿＿＿＿＿＿，分6个大院，20个小院，共313间房屋。其三面临街，不与周围民居相连，是全封闭的城堡式建筑。大院外围是10米多高的封闭式砖墙，气势雄伟，威严高大。

　　大院的大门坐西朝东，大门以里是一条石铺的通道，直通祠堂。北面有三个大院，门外侧有栓马柱和上马石，供车轿使用。乔家大院所有院落都是正偏结构，正房主人居住，偏房则是客房、佣人房及灶房。在建筑风格上，(72)＿＿＿＿＿＿＿＿＿＿＿，正房都有房檐，而偏房较为低矮，且为方砖铺顶的平房，无房檐。各院房顶有通道相连，便于夜间巡逻护院。这种建筑结构既显示了建筑上的层次感，(73)＿＿＿＿＿＿＿＿＿＿＿。

　　俯瞰乔家大院，其整体呈"囍"字形，斗拱飞檐，建筑考究，彩饰金绘，工艺精湛，(74)＿＿＿＿＿＿＿＿＿＿＿。因此，这座大院也被专家学者誉为"北方民居建筑史上一颗璀璨的明珠"。

　　"皇家有故宫，民宅看乔家"。(75)＿＿＿＿＿＿＿＿＿＿＿，吸引着无数的游客前来观光。

A　大院占地一万多平方米

B　集中体现了中国清代北方民居的独特风格

C　如今的乔家大院已成为中外闻名的民俗游览胜地

D　正房个和偏房又有所不同

E　又表现了当时社会伦理上的尊卑有序

76-80.

　　琥珀是世界上最轻的宝石，一直深受人们的喜爱。那么，琥珀到底是怎样形成的呢？

　　琥珀的形成离不开松脂。亿万年前，在原始森林里生长着一些像白松、红杉这样的植物。(76)＿＿＿＿＿＿＿＿＿＿，这就是松脂。这种松脂的黏性很强，有时黏稠的松脂从树上滴落下来，刚好会落在一些昆虫的身上，于是这些昆虫就被封入了松脂中，无法脱身。(77)＿＿＿＿＿＿＿＿＿＿，松脂渐渐变硬，最后形成了琥珀。琥珀之所以珍贵，(78)＿＿＿＿＿＿＿＿＿＿，内部还经常可见气泡及古老的昆虫或植物碎屑。

　　琥珀十分稀少，而且每一个琥珀都是独一无二的。它的形成至少需要200万年，那么为什么经过那么长时间，琥珀还能完好地保存至今呢？这不得不追溯到远古时期。当时的地壳运动导致了陆地逐渐下沉，(79)＿＿＿＿＿＿＿＿＿＿，原始森林被淹没，一些松脂连同被封入其中的昆虫被卷入海水之中，沉积在泥沙里。又是千万年过去了，经过一系列复杂的化学变化，那些松脂逐渐变成了透明的琥珀，而被封入其中的昆虫因为有松脂的保护，(80)＿＿＿＿＿＿＿＿＿＿，所以完好地保存了下来。

A　它们的树干能够分泌出黄色的黏液

B　没有被细菌分解以致腐烂

C　是因为它们保留了当初松脂流动时产生的纹路

D　随着时间的推移

E　海水逐渐上升

第81-100题：请选出正确答案。

81-84.

　　　　　　在一个小村庄里，有一棵历经80多年风吹雨打，至今仍枝繁叶茂的榆树。这棵榆树的树干周长有4米，枝干伸展开来可达20米，因极具传奇色彩而为当地居民津津乐道。说它具有传奇色彩，倒不是因为它的树龄长，而是因为在周围的榆树大批死亡后，这棵树却奇迹般地活了下来。

　　1930年，一种榆树病横扫了小村庄的榆树区，榆树几乎死光，仅剩下这棵饱受铁圈儿束缚之苦的榆树。人们以为它肯定也活不长了，可随着时间的推移，它不但没有死，反而一年比一年茂盛，历经80多年，更加郁郁葱葱了。是什么原因让这棵榆树免受病毒的侵袭而存活下来呢？这引起了植物学家的关注。经过长时间的研究，植物学家得出结论：这棵榆树是从锈蚀的铁圈儿中吸收了大量的铁元素，才幸免于难的。

　　原来，这片榆树林的主人为了方便拴牛，便在这棵榆树上箍了个铁圈儿，把牛拴在这个铁圈儿上。牛常常绕着榆树一圈儿一圈儿地踱步，天长日久，榆树皮便蹭出了一道凹痕。随着榆树长大变粗，铁圈儿慢慢地长进了树身里，成了树的一部分。

　　锈迹斑斑的铁圈儿嵌进榆树的身体里，给榆树的生长造成了巨大的伤害，但想不到的是，铁圈儿后来竟成了它的大救星，为它补充了急需的养分，使它能够抵挡榆树病毒的侵害，得以健康成长。其实，生活中的每一个挫折就像这锈迹斑斑的铁圈儿一样，虽然会让人痛苦，但却是我们成长中必不可少的养分。正是有了这种养分，我们才会变得更刚强、坚毅，更加充满生机和活力。

81. 为什么说那棵榆树具有传奇色彩?

    A 形状奇特

    B 枝繁叶茂

    C 树龄长

    D 独自存活下来

82. 植物学家研究后发现,那棵榆树:

    A 叶子中含有多种微量元素

    B 从铁圈儿中吸收了养分

    C 分泌的树脂可杀菌

    D 周围的泥土养分高

83. 根据上文,下列哪项正确?

    A 那棵榆树因祸得福

    B 榆树病不会传染

    C 那棵榆树即将枯萎

    D 榆树种植很困难

84. 上文主要想告诉我们什么?

    A 要学会未雨绸缪

    B 逃避不是解决问题的办法

    C 挫折使人更坚强

    D 优胜劣汰是自然界的规律

宓子贱是孔子的得意门生，被孔子赞为君子。他曾被鲁国国君派去管理一个叫单父的地方，在任一年多，他把单父治理得井井有条。但他却曾经宁愿把成熟的麦子留给敌人，也不让单父的百姓收割。这到底是怎么回事呢？

原来，当时强大的齐国经常对其他国家发动战争，而鲁国的单父正好与齐国接壤。有一年初夏，城外传来消息说，齐国军队将路过单父。城中的百姓闻讯后对宓子贱说："我们郊外大约还有几千亩成熟的麦子没收割，如今齐国军队要来，恐怕很多人都来不及收割自己的麦子。请您下令让我们一起出城去抢收麦子，这样粮食就不会被齐国夺走了。"

宓子贱闻言并未表态，百姓又多次恳求，他还是没有同意。很快，齐国的军队便到了单父城下。齐军本想入城抢夺粮食，但看见郊外大片成熟的麦子后，他们便打消了这一念头，收割完麦子便扬长而去了，单父城内也因此免去一场浩劫。百姓这才恍然大悟：幸亏宓子贱下令闭城，否则要是城内百姓都出城收割麦子，无人守城，齐军必然长驱直入，到那时，恐怕失去的就不只是城外的麦子了。

后来这件事传到了鲁国公子季平子的耳中，他责问宓子贱说："百姓多次请求收麦你都不听，他们辛辛苦苦种的粮食遭到抢劫，岂不是很难过？难道你就是这样爱护百姓的？"

宓子贱说："假如当时大家一哄而上去收割麦子，其中一定会有许多不劳而获者，甚至会有一些人以后就不去种地而整天盼望敌国军队来犯境了。长此以往，鲁国必然会走向衰落。单父失去的麦子只是鲁国所有粮食的九牛一毛，不会使鲁国遭受多大损失。但如果这种侥幸获利的心理被保留下来，势必会影响几代人。"季平子听后感慨不已，深深地佩服宓子贱的深谋远虑。

85. 百姓在得知齐军要来的消息后，有什么反应？

    A 纷纷情愿入伍

    B 想出城抢收麦子

    C 准备投奔别的城市

    D 希望尽快关闭城门

86. 根据第3段，下列哪项正确？

    A 齐军未进城抢粮

    B 单父遭到了洗劫

    C 齐军后来驻扎在城外

    D 守城的士兵逃走了

87. 宓子贱拒绝百姓请求的根本原因是：

    A 援军未到

    B 怕城内粮食遭抢

    C 敌人实力太强

    D 避免侥幸获利心理生根

88. 关于宓子贱，可以知道什么？

    A 很有远见

    B 得不到国君赏识

    C 非常惧怕齐国

    D 不爱惜百姓

别以为植物把根深埋地下，只是为了吸收养分和水分。其实，它们在干好本职工作的同时，还搞一些"社交活动"。地下有许多细菌都想跟它们"交朋友"，但并不是所有的细菌都会成为它们的朋友。对于那些对自己没有帮助的细菌，它们往往会紧闭大门，拒之于千里之外；而对那些有利于自己发展的细菌朋友，它们不但会敞开大门，热情拥抱，甚至还会主动"巴结"呢。

如豆科植物就会主动巴结对自己生长有益的根瘤菌。根瘤菌是生长在豆科植物根部的像瘤子一样的菌块。它能吸收并固定大气中的氮，为植物提供肥料。但豆科植物周围的细菌千千万万，它们是如何巴结到根瘤菌的呢？科学家通过实验发现，根瘤菌中含有一种名为"Nod因子"的信号分子，只要遇到这种分子，豆科植物就会马上主动巴结，与其结为"盟友"。

另外，不同种类的植物相遇时，它们相互间的竞争往往会非常激烈。就是说当植物发现"邻居"与自己不属于同一遗传体系时，便会投入更多精力，与邻居争夺地下资源，发展壮大自己。这个现象虽然不怎么新奇，但其中潜藏的问题还是引起了科学家的好奇：植物靠什么来分辨亲疏关系？它们的辨认方式和动物的认亲方式一样吗？

动物一般是通过气味来辨别对方身份的，有的动物还会把声音当做判断亲属关系的标识。那植物是采用什么方法来辨别亲疏关系呢？有科学家认为，植物周围的土壤中很可能含有这个植物家族特有的蛋白质或化学信号，它们能被同类植物的根系感知。也就是说，植物可能有一套感知同种类蛋白质或化学信号的体系，如果它的根与其他植物的根系紧密地靠在一起，它就会分辨出对方是否是同类。当然，植物的这种认亲方式还需要进一步的研究证明。

89. 根据第1段，植物的"社交活动"指的是什么？

    A 吸引昆虫

    B 结交有益菌

    C 寻找同类

    D 吸收养分

90. 关于根瘤菌，可以知道：

    A 含有丰富的氧元素

    B 可释放氧气

    C 可为植物提供肥料

    D 促进植物吸收水分

91. 植物可能依靠什么来分辨亲疏关系？

    A 土壤中的蛋白质或化学信号

    B 花粉数目

    C 根的形状

    D 茎叶的颜色

92. 根据上文，下列哪项正确？

    A 动物通常靠气味认亲

    B 植物之间鲜有竞争

    C 动物没有社交活动

    D 动植物的认亲方式一样

温泉是指从地下自然涌出的，温度高于当地年平均气温5℃或以上，而且含有对人体健康有益的微量元素的泉水。

温泉的形成一般有两种。一种是由地壳内部的岩浆作用形成的。火山活动过的死火山地形区，其地下还有未冷却的岩浆，这些岩浆会不断释放出大量热能。由于此类热源的热量集中，因此，附近含水岩层里的水会受热成为高温水。这类温泉多为硫酸盐泉。

另一种是由地表水渗透循环作用形成的。雨水渗透地表，深入到地壳深处形成地下水后，会因地热作用而成为热水。地壳深处的热水多含有气体，温度升高使得水压增强，以致一有裂缝儿，泉水就会蹿涌而上。当热水上升到接近地表时，又会因压力不同而与下渗的冷水产生对流。如此循环往复，热水就会源源不断地往上涌，并最终流出地面，形成温泉。

大多数温泉都含有丰富的化学物质，对人体有一定的益处。例如，温泉中的碳酸钙就对改善体质、恢复体力有相当大的作用；丰富的钙、钾、氡等元素，对治疗心脑血管疾病、糖尿病、痛风、神经痛、关节炎等均有一定效果。常泡温泉，不仅可以消除疲劳，还可以促进血液循环，加速人体的新陈代谢。

泡温泉虽然对人体有益，但也有一些事项须注意。首先，泡温泉不要从水温太烫的池水开始，而要从水温较温和的池水开始浸泡，且每次浸泡超过10分钟后，要及时让胸部露出水面或离水歇息。此外，温泉的水温较高，浸泡后可能会出现出汗、口干、胸闷等不适感，这是血液循环过快的正常反应。此时，换凉水浸泡或走出水池休息一会儿，多喝点儿水，就可以缓解。

93. 硫酸盐泉多是由于什么而形成的?
    A 地表水循环
    B 气候变暖
    C 破坏性地震
    D 岩浆作用

94. 根据第3段，地壳深处的热水为什么会上涌?
    A 空气对流
    B 地壳运动
    C 水压升高
    D 雨水渗透

95. 下列哪项不是泡温泉的好处?
    A 改善体质
    B 加速新陈代谢
    C 缓解神经痛
    D 促进骨骼发育

96. 最后一段主要谈的是什么?
    A 温泉的分类
    B 泡温泉的注意事项
    C 泡温泉的最佳季节
    D 温泉的成因

人们常说的鲸鱼，其实并非真正的鱼，而是一种鱼形的哺乳动物。5000 万年前，现代鲸鱼的祖先离开陆地，进入了一望无际的大海中，其后又经过漫长的岁月，才演化成了现在的样子。

鲸鱼是温血动物，从冰天雪地的南北极到酷热难耐的赤道地带都可以看到它们的踪迹，无论是在什么样的环境下，它们的体温始终保持在 36℃ 左右。和其他温血动物最大的不同在于，鲸鱼生活在水中，因此无法以聚集和筑巢等方式维持体温。另外，像北冰洋和南极周围海洋的水压挤出来，皮毛的保温功能会大大降低。于是，鲸鱼便逐步演化出了皮下脂肪，用这件特殊的"外衣"来维持自己的体温。

动物栖身的海水温度越低，其自身的脂肪也就越厚。曾有记录，鲸鱼脂肪的厚度可达 50 厘米，重量可达体重的一半儿。鲸鱼的这层脂肪除了可以帮助其维持体温外，还可以为它长途跋涉进行繁殖和觅食等活动提供重要的能量储备。另外，这层脂肪还可以帮助鲸鱼塑造流线型的身体，以减少在水中游动时所消耗的能量，提高游动速度。但是，这么厚的皮下脂肪还是不能完全阻挡体内热量的流失，鲸鱼还需要通过摄取大量的食物，来获得维持体温所需的能量。

此外，鲸鱼还会通过血管的收缩，有效地维持体温。当鲸鱼潜入深海中时，因为周围温度较低，鲸鱼体表的血管便会收缩，将血液集中送往腩部、心脏、肝、肾等内脏器官，维持身体内部的体温；反之，当水温上升时，体表的血管便会扩张，加速散热。

97. 第2段中，鲸鱼的"外衣"指的是：

A 身体上的寄生物

B 皮下脂肪

C 体表血管

D 表层皮肤

98. 根据第3段，可以知道什么？

A 鲸鱼身体呈流线型

B 水温越低鲸鱼游动越快

C 鲸鱼体内热量散失极慢

D 鲸鱼不能长途跋涉

99. 鲸鱼收缩血管是为了：

A 促进消化

B 保持平衡

C 加大氧气供应

D 维持体温

100. 关于鲸鱼，下列哪项正确？

A 体温稳定

B 多生活在热带地区

C 是最有智慧的鱼类

D 喜欢群居

三、书 写

第101题：缩写。

(1)　仔细阅读下面这篇文章，时间为10分钟，阅读时不能抄写、记录。

(2)　10分钟后，监考收回阅读材料，请你将这篇文章缩写成一篇短文，时间为35分钟。

(3)　标题自拟。只需复述文章内容，不需加入自己的观点。

(4)　字数为400左右。

(5)　请把作文直接写在答题卡上。

　　作为当代著名的明星企业家，马云不可避免地成为众多青年创业者追捧的偶像。在一档电视节目中，两名大学生滔滔不绝地谈论着自己的创业项目，言语中洋溢着按捺不住的激情与自信。为了能获得偶像马云的认可，其中一个学生甚至宣称："给我投资1000万，明天就能分红，后天就能变成2000万！"

　　马云听后微微摇头，不仅没有对他们的创业蓝图予以鼓励，反而当头浇下一盆冷水："如果我是你们，我现在不会去创业，而是去找一个公司踏踏实实地工作5年。"全场惊愕，两名年轻人虽然始终面带微笑，但看得出他们心里很不服气。

　　随后，马云道出了自己一段鲜为人知的往事。上世纪80年代，风华正茂的马云一心想要做出一番宏图伟业。但当时，大学生就业由学校统一分配，临毕业时，马云得知自己被分到了杭州的一所学校当英语老师。当老师显然与他的创业理想有很大差距。他感到很迷茫，于是到校园里散心。

　　这时，校长突然走过来和他打招呼。原来，马云是校园里的风云人物，校长很关心他今后的发展，便亲切地和他交谈起来。马云直言不讳地说："我希望能够自己创业，当一名教师我心有不甘。"校长没有多说什么，只是要马云许下一个承诺：去分配的学校教书，5年内不创业。马云当时并不明白校长为什么要他这么做，但出于对校长的尊重，他还是答应了。

　　那时候，老师一个月的工资只有92块钱。起初，马云勤恳工作，甘守清贫。但后来，接二连三的诱惑摆在了他的面前——有好几家公司都高薪邀请他加入，开出的工资是他在学校教书所赚的几十倍。但马云思量再三，还是决定坚守承诺。就这样，他在学校里教了5年书。虽然失去了很多高薪机会，但他却得到了一样受用终身的东西：懂得了什么叫做浮躁，什么叫做沉稳。这样一个简单的道理似乎人人都懂，但要真切而深刻地领悟它，却需要在达到一种境界之后。

带着一种沉稳、踏实的心态，马云开始了自己的创业历程，期间也经历了很多的挫折和磨难。在众人纷纷动摇的时候，马云却仍然信心十足，他相信自己的判断，也更明白坚韧的力量有多大。在阿里巴巴网站创立之初，有人嘲讽马云："如果阿里巴巴能够成功，无疑是把一艘万吨巨轮从喜马拉雅山脚下抬到珠穆拉玛峰峰顶。"但马云却做到了，一如他当初在学校坚守了5年，马云终于一步一个脚印地创造出了阿里巴巴的神话，敲开了财富之门。

"不想当将军的士兵不是好士兵，但是当不好士兵的人，也永远无法成为一位伟大的将军。"马云的成功恰恰印证了他的这句话。

新HSK
끝짱
6급
모의고사
新汉语水平考试

실전 모의고사 제3회

新汉语水平考试
HSK(六级)
全真模拟题 3

注　意

一、HSK（六级）分三部分：

    1．听力(50题，约35分钟)

    2．阅读(50题，50分钟)

    3．书写(1题，45分钟)

二、听力结束后，有5分钟填写答题卡。

三、全部考试约140分钟(含考生填写个人信息时间5分钟)。

中国　北京　　　　　　　　　　　　ＸＸＸＸ/ＸＸＸＸＸＸ　　编制

一、听　力

第 一 部 分

第1-15题：请选出与所听内容一致的一项。

1. A 老友粉口感偏甜
   B 老友粉有十几种原料
   C 老友粉做法简单
   D 老友粉是南宁特色小吃

2. A 风雨草适合室内种植
   B 风雨草雨后迅速凋谢
   C 风雨草下雨时会开花
   D 风雨草很耐旱

3. A 要敢于承认错误
   B 读书让人进步
   C 要选择合适的书读
   D 书有好坏之分

4. A 助人为快乐之本
   B 不要依赖别人
   C 要善于钻研
   D 要先把小事做好

5. A 背水一战是兵家大忌
   B 背水一战形容两败俱伤
   C 背水一战常指身处绝境
   D 背水一战中"背"指对面

6. A 运气更重要
   B 要选择学习知识
   C 知识不能改变命运
   D 要注重积累

7. A 不要满足于现状
   B 要注意自己的言行
   C 发牢骚有助于减压
   D 要珍惜已拥有的

8. A 鲨鱼视力非常好
   B 鲨鱼害怕橙黄色
   C 救生衣的材质特别
   D 鲨鱼易攻击衣着鲜艳的人

9. A 台风频繁登陆五指山地区
   B 五指山市地势低洼
   C 五指山市常年低温
   D 五指山地区生物种类繁多

10. A 萝卜价格很高
    B 秋季吃萝卜益处多
    C 萝卜是种中药
    D 萝卜在秋季很罕见

11. A 疲劳驾驶易发生事故
    B 夹层玻璃透光率低
    C 夹层玻璃抗压性比较好
    D 夹层玻璃可缓解视觉疲劳

12. A 学乐器可提高智商
    B 多接触自然有助于开发智力
    C 孩子应掌握一种乐器
    D 家长应尊重孩子的选择

13. A 情绪波动大不利于冷静思考
    B 天气变化会影响人的情绪
    C 负面情绪危害大
    D 人很难控制情绪

14. A 梅里雪山环境恶劣
    B 10月适宜观赏梅里雪山
    C 梅里雪山主峰海拔低
    D 梅里雪山植被稀少

15. A 飞机保养费用高
    B 飞机型号越新越节能
    C 飞机安全性取决于保养
    D 老飞机安全令人担忧

第 二 部 分

第16–30题：请选出正确答案。

16. A 是成功的绊脚石
    B 能磨炼自己
    C 可以避免
    D 是把双刃剑

17. A 多个听众互动
    B 邀请成功人士演讲
    C 热情地分享经历
    D 多找共同话题

18. A 要感兴趣
    B 熟练掌握培训技能
    C 资金充足
    D 拥有优秀的团队

19. A 善于倾听
    B 多和朋友聊天
    C 与人辩论
    D 阅读相关书籍

20. A 专注于营销课程
    B 从未失败过
    C 喜欢教导别人
    D 培训课很有感染力

21. A 同学
    B 教练
    C 母亲
    D 父亲

22. A 敬业精神
    B 专注精神
    C 谦虚的态度
    D 诚实的品质

23. A 风格独特
    B 勤学苦练
    C 追求创新
    D 心态平和

24. A 生动逼真
    B 气势宏伟
    C 想象力丰富
    D 亲近清净自然

25. A 重视写生
    B 对未来有详细规划
    C 是科学家
    D 喜欢写作

26. A 童年时
    B 参观美术展后
    C 大学毕业时
    D 赢得设计比赛后

27. A 能修身养性
    B 能提高鉴赏力
    C 是一种思考方式
    D 是一项基本功

28. A 建筑的本质
    B 中西方建筑对比
    C 建筑风格的演变
    D 写作技巧

29. A 扩大建筑视野
    B 使建筑更美丽
    C 赋予建筑生命
    D 突出建筑色彩

30. A 建筑师要懂古典音乐
    B 男的的理想是当教师
    C 男的崇尚大自然
    D 建筑师要有个性

第 三 部 分

第31-50题：请选出正确答案。

31.
A 熟悉当地盛行风向
B 能见度高
C 知道水源的分布情况
D 植物覆盖面积广

32.
A 沙子颜色深
B 沙质软
C 坡度较小
D 沙层较厚

33.
A 枝干粗壮
B 不耐寒
C 多朝东南倾斜
D 种类单一

34.
A 缺乏锻炼
B 饮食不规律
C 收入高
D 工作日经常熬夜

35.
A 要处理紧急事件
B 工作强度大
C 沉迷夜生活
D 为获得更多学习时间

36.
A 效果因人而异
B 科学性有待研究
C 值得推广
D 只能缓解心理疲劳

37.
A 扰乱生物钟
B 引起神经兴奋
C 影响大脑发育
D 导致许多疾病

38.
A 喝酒不利于身心健康
B 喝酒可以放松心情
C 酒量是后天练成的
D 喝酒有助于睡眠

39.
A 检测人的酒精含量
B 研制新的戒酒药物
C 生产新型含酒精饮料
D 预防酒精中毒

40.
A 食物让胃变大了
B 人吃饱后不愿意喝酒
C 食物分散了人对酒的注意力
D 食物能降低酒精浓度

41. A 神经过度活跃
    B 压力
    C 不良情绪
    D 失眠

42. A 泪液
    B 体温
    C 唾液
    D 血压

43. A 爱看喜剧的人更乐观
    B 第二组被试者不爱笑
    C 两组记忆测试结果一致
    D 多笑能增强记忆力

44. A 饮食习惯
    B 新陈代谢
    C 天气
    D 自身色素细胞

45. A 橙色
    B 紫色
    C 黄色
    D 红色

46. A 体温改变了
    B 光照角度不同
    C 空气湿度不一
    D 受力不均

47. A 使茶杯更坚固
    B 防止杯子烫手
    C 提示温度适宜饮茶
    D 减慢茶变凉的速度

48. A 人流量大
    B 地方宽敞
    C 噪音较大
    D 便于宣传

49. A 储备用电
    B 照明
    C 科学实验
    D 大楼取暖

50. A 不易收集
    B 可循环利用
    C 转化复杂
    D 无污染

二、阅 读

第 一 部 分

第 51－60 题：请选出有语病的一项。

51.　A　大家可通过现场领取、短信预约两种方式来获取参观票。

　　　B　对工程施工认真负责，关系到工程质量的好坏。

　　　C　《中国大百科全书》是中国第一部权威性的大型综合性百科全书。

　　　D　台风将至，所有渔船都回到港口避风了。

52.　A　这篇文章的作者出自莫言之手。

　　　B　由高原低氧环境引起的人体低氧性疾病，统称为"高原病"。

　　　C　随着经济全球化进程不断加快，国际人口流动变得越来越频繁。

　　　D　虽然实验没有成功，但大家都知道他已经尽了最大努力。

53.　A　近年来，海交会已成为海峡两岸经贸合作和文化交流的重要平台。

　　　B　比目鱼小的时候眼睛是长在两边的，长大后眼睛才长到了同一侧。

　　　C　那个精彩的瞬间恰巧被一位摄影师捕捉到了动人的画面。

　　　D　读书会教于人的不仅是知识，还有精神的陶冶与心灵的净化。

54.　A　不但他爱下围棋，而且对围棋的发展史也颇有研究。

　　　B　在向别人推销商品之前，你必须先学会如何把自己推销出去。

　　　C　驾车途中如遇恶劣天气，应减速慢行或寻找安全地带停车等候。

　　　D　如果平时不学好本领，那么机会到来时，你只能眼睁睁地看着它溜走。

55.　A　与电影相比，动画的特点在于它是否受到实物的限制。

　　　B　她的歌声高亢粗犷，又富有情韵，展现了她深厚的歌唱功底。

　　　C　白墙、黑瓦、青石板路是典型的明清时期江南村落样式。

　　　D　据气象部门监测，这次沙尘暴瞬间风力达到了11级，地面能见度为零。

56. A 赞美是人际交往中最好的润滑剂。

B 新龙县位于四川甘孜州腹地，地处雅砻江流域，是有名的旅游胜地。

C 演出期间，请各位观众将手机调至静音状态。

D 陈老师一旦退休了，但他无时无刻不在牵挂着那些学生们。

57. A 按照方向和速度变化的突然性强，羽毛球运动员要具有较高的身体素质。

B 如果一篇作品的主旨有问题，那么即使文字再优美，也算不上是好文章。

C 一阵雷雨过后，天空中出现了一道美丽的彩虹。

D 离家20年后，他终于又回到了魂牵梦萦的故乡。

58. A 年画是一种古老的民间艺术，把人们的风俗和信仰反映了，寄托着他们对未来的美好祝愿。

B 和乙醇汽油相比，这种新配方的醚类清洁汽油点燃速度更快、燃烧效率更高。

C 某些植物，如江西井冈山地区的"灯笼树"，之所以会发出冷光，是因为其体内含有大量的磷。

D 自明代以来，天心阁就被视为长沙古城的标志，有"潇湘古阁，秦汉名城"的美誉。

59. A 历史作为一门学料，其最终目的是记录人类社会的发展历程，总结规律，为后人提供更多的经验。

B 企鹅是因为其皮下厚厚的脂肪层可以有效防止体温的散失，之所以能在寒冷的南极生存下去。

C "一叶知秋"这个成语指的是通过细微的迹象，就可以看出整个形势的发展趋向与结果。

D 青少年若要更好地适应互联时代，不仅要掌握一定的计算机技术，还要学会辨别网上的各种信息，提高自制力。

60.　A　研究表明，在开车或坐车时听音乐有助于缓解旅途疲劳，使驾驶者、乘坐者感到轻松愉快。

　　　B　半干旱山区或高原冰川区的地形十分陡峭，泥沙、石块儿等堆积物较多，且植被稀疏，是泥石流的多发地带。

　　　C　小品常常一般通过简单的情节和场景创造出一种情境，给观众带来艺术的享受，哲理性的思考。

　　　D　北京野生动物园是动物保护、野生动物驯养、繁殖及科普教育为一体的大型自然生态公园。

第 二 部 分

第 61-70 题：选词填空。

61.　前置消费者是指那些早在产品_____问世之前，就积极_____产品的生存，促进产品的改进和问世的消费者。他们与品牌的关系_____，是产品口碑宣传的最佳代言人。

　　A　正宗　　　投机　　　周密

　　B　正当　　　投入　　　亲切

　　C　正规　　　参谋　　　亲密

　　D　正式　　　参与　　　密切

62.　歇后语是中国人在生活_____中创造的一种独具风格的语言形式。它短小，风趣，却蕴含着极深的文化_____。可以说几乎每一则歇后语的背后都有一个_____的故事或传说。

　　A　实践　　　内涵　　　生动

　　B　行动　　　内在　　　出色

　　C　体会　　　精华　　　好奇

　　D　教训　　　底蕴　　　惊奇

63.　身体长时间保持一种_____会导致肌肉静脉血管的血液淤积。这时，_____个懒腰，便可使全身大部分肌肉舒张或收缩，让淤滞的血液流回心脏，从而_____血液循环，减缓疲劳。

　　A　姿势　　　伸　　　改善

　　B　形势　　　歇　　　改进

　　C　神态　　　蹲　　　改动

　　D　形态　　　扶　　　改革

64. 《书香北京》是北京电视台推出的一＿＿＿文化栏目。该节目定位于"品味读书人生，感受知识力量"。它以书为＿＿＿，邀请多位名人来＿＿＿他们"读书改变人生"的亲身经历，从最真实的角度展现阅读的＿＿＿与价值。

A	档	载体	分享	意义
B	套	核心	分析	意图
C	批	重心	探讨	定义
D	列	工具	交流	内涵

65. 配音与有声电影一同产生。一般在两种＿＿＿下电影才需要配音：一种是拍摄时，因演员不能使用电影所需语言或嗓音不够有魅力而无法同期＿＿＿；另一种是从不同语言的国家或地区＿＿＿的电影，须配上本土语言，以弥补语言不通造成的理解＿＿＿。

A	状况	合成	招收	屏障
B	形势	直播	采购	界限
C	情况	录音	进口	障碍
D	情景	录取	引用	隔阂

66. 六安瓜片是中国十大名茶之一，它叶质＿＿＿，气味清新，回味甘美。明代科学家徐光启就曾＿＿＿其为"茶之极品"。六安瓜片因生长＿＿＿长，积蓄的＿＿＿比较多，因而在所有绿茶当中营养价值最高。

A	柔软	评价	周期	养分
B	柔和	评论	期限	品质
C	光滑	赞赏	阶段	元素
D	细腻	赞扬	日程	精华

67. 《齐民要术》是南北朝时期的重要农学＿＿＿。该书总结了6世纪前中国黄淮
　　＿＿＿农业和畜牧业的生产经验，提出了农业生产要＿＿＿考虑各项生产因素、
　　抓好各个环节等思想，是＿＿＿当时物质生产及社会生活的重要史料。

A	典籍	地势	混合	调查
B	著作	地区	综合	研究
C	文献	区域	组合	考察
D	书籍	陆地	合并	钻研

68. 电子鞭炮是一种可代替传统鞭炮的电子产品，这种鞭炮不仅能＿＿＿出普通鞭炮
　　的响声，而且还能发出闪光，几乎可以＿＿＿。另外，电子鞭炮无污染，也不会
　　引发安全＿＿＿，还能重复使用，大大减少了人们的经济＿＿＿。

A	伪造	滥竽充数	事件	代价
B	拟定	鱼目混珠	事项	开支
C	模仿	以次充好	事迹	经费
D	模拟	以假乱真	事故	支出

69. "百年陈酒十里香"是说陈放多年的酒味道更香浓甘爽。这是因为让酒散发芳
　　香＿＿＿的功臣是乙酸乙酯，而乙酸乙酯在新酒中的含量＿＿＿，所以新＿＿＿的
　　酒才会味苦、生涩。只有经过几个月＿＿＿几年自然窖藏的酒，才会散发出浓郁
　　的酒香。

A	滋味	举足轻重	制造	以免
B	风味	无微不至	铸造	以致
C	口味	无穷无尽	酝酿	乃至
D	气味	微乎其微	酿造	甚至

70. 唐卡是富有藏族文化特色的一个画种，其内容_____，无所不包，_____一部社
会史。它一般以亚麻布作为底布，所用颜料以_____矿物和植物为主，且经过了
科学的配比，再加上西藏气候_____，所以即使经过数百年之久，唐卡依然色泽
_____，就像新绘制的一般。

A	深刻	如同	原始	枯燥	华丽
B	丰盛	假如	陈旧	干旱	丰满
C	巨大	譬如	天生	炎热	鲜明
D	广泛	犹如	天然	干燥	鲜艳

第 三 部 分

第71-80题：选句填空。

71-75.

柠檬是一种营养丰富的水果，在美容和保健方面都有很大的作用。很多人会问，柠檬怎么吃才好？（71）＿＿＿＿＿＿＿＿＿＿。

柠檬水中含有极为丰富的维生素C，经常喝柠檬水可以快速、有效地补充维生素C。不仅如此，柠檬水还具有抗菌、协助骨胶原生成等功效，（72）＿＿＿＿＿＿＿＿＿＿。感冒的时候，如果能喝上500到1000毫升的柠檬水，你就会明显觉得鼻涕少了，（73）＿＿＿＿＿＿＿＿＿＿；如果是感冒初期，那么喝柠檬水会使你很快痊愈。

除了以上功效外，柠檬水还能开胃消食。夏天喝，还能起到解暑的效果。另外，用温开水泡柠檬，再加少许盐一同喝下去，还可以起到化痰的作用。这对咳嗽痰多、轻微结核病的患者来讲，非常有帮助。

但值得注意的是，（74）＿＿＿＿＿＿＿＿＿＿，柠檬也不例外。现在，有很多女性为了美容，每天喝大量的柠檬水，结果却伤了胃，实在得不偿失。因此，喝柠檬水一定要适量，每天不宜超过1000毫升。此外，（75）＿＿＿＿＿＿＿＿＿＿，胃酸过多者和胃溃疡患者最好不要饮用柠檬水。

A　答案是泡水饮用

B　再好的东西摄入时也应有节制

C　可以增强体质

D　感冒症状减轻了

E　由于柠檬的pH值非常低

76–80.

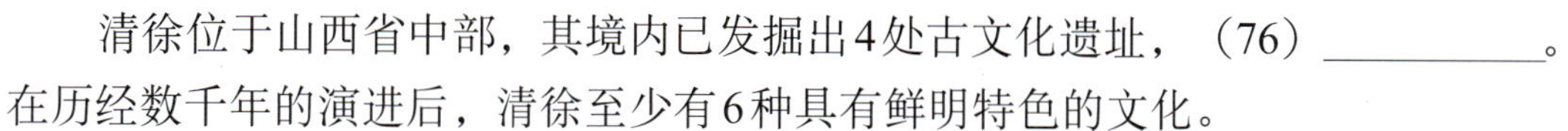

清徐位于山西省中部，其境内已发掘出4处古文化遗址，（76）＿＿＿＿＿＿。在历经数千年的演进后，清徐至少有6种具有鲜明特色的文化。

其一为尧文化。据记载，（77）＿＿＿＿＿＿＿，清徐尧城就是早期的帝都，后来也成为了人们祭祀尧帝和海内外炎黄子孙寻根祭祖的圣地。

其二为醋文化。作为"中国醋都"，清徐醋史源远流长，其生产的老陈醋被誉为"华夏第一醋"。

其三为葡萄文化。清徐是中国四大葡萄产地之一，（78）＿＿＿＿＿＿＿。其葡萄栽培历史可上溯到2000年前。

其四为贯中文化。文学巨匠罗贯中在清徐的清源镇出生，他的著作《三国演义》脍炙人口，闻名中外。作品中关公的忠义与诚信深深地影响了清徐人，（79）＿＿＿＿＿＿＿，清徐才有了辉煌的晋商文化。

其五为晋商文化。明清时期，地处交通要冲的清徐逐渐发展成为商业重镇，并成为了晋商活动的中心区域，晋商的足迹也从此遍及全国。

其六为民间文化。清徐的民间文艺源于秦汉，发展于唐宋，兴盛于明清，（80）＿＿＿＿＿＿＿，这种集民间口头文学、美术、音乐、舞蹈、杂技、戏曲和手工艺为一体的综合艺术精品，被誉为"无言戏剧""空中舞蹈"和"流动杂技"。

A　尧帝最早在清徐建都

B　正因为秉持着这种诚信的理念

C　文明历史可以追溯到新石器时代

D　素有"葡萄之乡"的美誉

E　特别是徐沟背铁棍艺术

第 四 部 分

第81-100题：请选出正确答案。

81-84.

　　大众媒体对我们赋予事物的意义有着重要影响。它们不仅影响着我们对身边事件的看法，也影响着我们对全球重大事件的思考，并逐步塑造着我们的世界观和价值观。它们告知我们该相信谁，该害怕谁；什么能给我们安全感，又是什么在威胁着我们；什么是生命中最重要的，什么是次要的；我们该羡慕谁，又该鄙视谁。它们影响着我们对死刑、囚犯、社会工作者、贫穷和福利等社会问题的看法。它们暗示我们在什么情况下暴力是必要的，并且是值得称颂的；以及什么时候暴力是非法的，是该被谴责的。

　　虽然大众媒体宣传的观点并非完全错误，但它们带给我们的影响大多是单方面的，甚至是有误导性的。各种形式的媒体在生活中无处不在，我们常常被动地接受它们施加给我们的影响。无论我们的观点是保守的还是开放的，是带有宗教色彩的还是无神论的，我们都要警惕大众媒体对我们的持续影响。我们应该博览群书、积极思考，在亲身体验中形成属于自己的价值观念体系。

　　当然，只知道大众媒体的宣传具有片面性是远远不够的，我们还应该学会理性地看待它们，不能总是被媒体牵着鼻子走。我们要看透它们的本质，以防止它们利用我们最薄弱的地方，将一些观念渗入到我们的思想中。

81.　第1段主要谈的是什么？

　　A　当今社会热点问题

　　B　大众媒体的影响

　　C　世界观的形成

　　D　大众媒体的产生

82. 作者对大众媒体持何种态度？

    A　批判

    B　认可

    C　中立

    D　推崇

83. 根据上文，面对大众媒体，我们应该：

    A　关注影响力大的

    B　置之不理

    C　学会独立思考

    D　参与互动

84. 最适合做上文标题的是：

    A　大众媒体的新挑战

    B　理性看待大众媒体

    C　新闻工作者的义务

    D　宣传的力量

悲剧的发生通常会让人觉得难受。但奇怪的是，随着时间的推移，当初的悲剧往往会成为后来的笑料。最近，研究者做了一项有关飓风玩笑的研究。他们选取了100名参与者来评价有关飓风的玩笑，例如"餐厅的房顶被吹掀，天降免费面包人人有份"等。参与者需要对这些玩笑在"无礼度"和"幽默度"两个方面进行评分。

结果显示，在飓风登陆后的头两周，这些玩笑的无礼度得分非常高，而幽默度得分非常低。但随着时间的流逝，玩笑的无礼度得分逐渐下降，幽默度评分越来越高。时间冲淡了灾难带来的负面情绪，人们开始能接受拿它来开玩笑。当然，玩笑也有保质期。三个月后，其好笑程度便已衰退到和飓风刚登陆时相差无几。由此可见，时间可以把悲剧变成喜剧，但它在达到一个"最佳笑点"后，就逐渐变得索然无味了。

研究者认为，这种时间效应不仅可以预测玩笑何时好笑，还可以分析出它为什么好笑。研究者用"良性冲突理论"来解释这种幽默：当一个刺激在生理或者心理上给人造成一定的威胁，但同时又是良性时，幽默就产生了。根据这个理论，幽默需要有恰到好处的威胁感或紧张度。威胁太大，事情就不是良性的；威胁太小，又会平淡无聊。而时间恰好可以冲淡威胁感，创造一种威胁与安全的绝妙平衡。

然而，时间并不是影响幽默的唯一因素。相关研究证实，空间距离、社会关系及事件本身是事实还是虚构都会影响幽默程度。和时间一样，这些因素只有在合适的范围内，才能提升幽默程度，反之则会降低。

幽默在生活中必不可少。了解某个场景何时以及为何有趣并不只对那些笑星有帮助，对普通人而言，提升幽默感可以让我们更从容地应对人生的坎坷，这也是生活幸福的诀窍。

85. 关于那个研究，下列哪项正确？

    A　有两个评价指标

    B　参与者人数不定

    C　评分并无太大变化

    D　是关于免费午餐的

86. "良性冲突理论"说明：

    A　威胁越大幽默程度越高

    B　时间能冲淡刺激所造成的威胁

    C　喜剧的发生需要冲突

    D　人的心理素质普遍很差

87. 下列哪项不是影响幽默的因素？

    A　事件真实度

    B　社会关系

    C　人格魅力

    D　空间距离

88. 根据上文，可以知道：

    A　悲剧一定能够变成喜剧

    B　玩笑只能保鲜两周

    C　幽默感是天生的

    D　生活需要幽默

刺绣，古代称为针绣，是用针和线把设计好的图案绣在纺织品上的一种艺术。刺绣是中国古老的手工技艺之一，已经有几千年的历史了。

在原始社会，人们会通过纹身、纹面来装饰自己。自从有了麻布、毛纺织品、丝织品做成的衣服后，人们就开始在衣服上绣上图腾等各种图案作为装饰。据《尚书》记载，早在4000多年前，当时的章服制度就规定"衣画而裳绣"。

现存最早的刺绣是湖南长沙楚墓出土的两件战国时期的绣品。这两件绣品针脚整齐，配色清雅，图案中的龙游凤舞、猛虎瑞兽自然生动，活泼有力，充分展现了当时的刺绣水平。

到了汉代，绣品图案多以波状的云纹、翱翔的凤鸟、奔驰的神兽等为主题。其技法以锁绣为主，构图紧密，针法整齐，线条极为流畅。

唐代刺绣的内容除佛像人物外，山水花鸟、亭台楼阁也日渐兴起。唐代刺绣运用了大量的色线，因此绣品颜色艳丽、构图活泼。至于采用金银线盘绕图案的轮廓，以加强实物立体感的做法，更视为唐代刺绣的一项创举。

宋代是中国手工刺绣发展的高峰时期，无论绣品质量还是刺绣技法均属空前。由于当时朝廷的奖励和提倡，宋代优秀的绣工层出不穷，刺绣针法也比以前更富有变化。另外，宋代刺绣还结合了书画艺术，常以名人作品为题材，追求书画的趣致和境界。

清代时，民间先后出现了许多"地方绣"，其中苏、蜀、粤、湘4个地方的刺绣销路最广，最负盛名，因此被誉为中国"四大名绣"。由于刺绣的保存难度较大，所以古代刺绣的收藏价值极高。保存至今的清代刺绣大多已出现掉色、变色，甚至腐烂的现象。甘肃的民间藏品《福禄寿》，是目前保存较好的一件名家绣品。这件绣品颜色鲜艳、绣工精细、人物栩栩如生。因为此类绣品在市面上非常少见，所以具有极高的收藏价值。

89. 汉代刺绣多以什么为主题？

    A　山水

    B　人物

    C　鸟兽

    D　亭台楼阁

90. 唐代刺绣有什么特点？

    A　绣法以锁绣为主

    B　用金银线勾勒轮廓

    C　颜色淡雅

    D　图案单调

91. 关于宋代刺绣，可以知道什么？

    A　分为4个绣种

    B　发展缓慢

    C　远销海外

    D　与书画艺术相结合

92. 根据上文，下列哪项正确？

    A　战国时的刺绣水平最高

    B　清代地方绣呈衰退趋势

    C　《福禄寿》已开始掉色

    D　刺绣的保存难度大

北京四合院作为老北京人世代居住的主要场所，驰名中外。北京四合院之所以有名，首先在于它历史悠久。元朝正式建都北京后，朝廷便大规模建设都城，元世祖忽必烈将土地分给京城的官吏们营建住宅，北京传统的住宅——四合院便由此形成。自此，四合院和北京的宫殿、衙署、街区、坊巷和胡同一起，成为了这个城市的标志。明清以来，北京四合院虽历经沧桑，但基本形式被保留了下来，并且不断完善，逐渐形成了我们今天所见到的四合院形式。

北京四合院之所以有名，还在于它结构独特，在中国传统住宅建筑中具有典型性和代表性。南方许多地区也有四合院，但南方四合院四面的房屋多为楼房，而且庭院的4个拐角处相接，东、西、南、北四面房屋并不独立存在。庭院之小，犹如一口"井"，所以南方人将庭院称为"天井"。这种住宅通风、采光均欠理想，只适合南方的气候条件。而北方的四合院，四面房屋各自独立，彼此之间游廊连接，院落宽绰。四合院是封闭式住宅，对外只是一个街门，但因其四面房屋各自独立，关起门来可自成天地，具有很强的私密性，因此非常适合整个家庭居住。

另外，四合院的装修、雕饰和彩绘等也处处体现着老北京的民俗民风和传统文化，表现了人们对幸福、美好、富贵和吉祥的追求。比如蝙蝠、"寿"字组成的图案，寓意"福寿双全"；花瓶内插月季花的图案寓意"四季平安"；而嵌于门楣和门柱上的吉辞祥语，以及悬挂在室内的书画佳作，更是让整个建筑充满了浓郁的文化气息。这也是它之所以有名的原因之一。

93. 第1段主要讲的是什么?

    A 北京四合院的历史

    B 北京人的居住环境

    C 胡同的形成过程

    D 北京四合院的布局

94. 为什么南方人将庭院称为"天井"?

    A 庭院像井一样小

    B 庭院的采光不好

    C 南方四合院是封闭的

    D 每个庭院里都有井

95. 北京四合院的装饰、装修表现了:

    A 建造者的爱好

    B 人们对美好事物的追求

    C 主人的生活水平

    D 城市的发展史

96. 关于北京四合院,下列哪项正确?

    A 通风不好

    B 四面房屋在拐角处相连

    C 是北京的标志之一

    D 始建于明代

97-100.

　　人们常说"生命在于运动"。运动能塑造我们强壮的身体，提高我们抵抗疾病的能力。然而，运动也是有限度的，过度运动对人体非但无益反而有害。

　　有时，在剧烈运动后，我们常会感觉身体反应变迟钝了，而且脑子也出现了短暂的"<u>跟不上</u>"的现象。这是因为高强度运动会消耗人体大量的能量，为了保证机体有足够的能量维持正常运转，人体的"保护性抑制"机制便开始发挥作用。这时我们会感到极度疲劳、浑身无力、大脑反应变慢。如果我们长期进行高强度的运动，保护性抑制的敏感性就会降低，从而会导致大脑机能受损。大脑机能一旦受损就会出现注意力不集中、失眠、健忘等症状，长此以往，人的健康就会受到极大伤害。科学研究证明，长期高强度运动使大脑皮层活动减弱，降低脑组织兴奋性。

　　那么，怎样衡量自己的运动是否适量呢？这主要看心率。一般来讲，运动时的心率在自身最大心率的65%~85%之间就属于适量运动。但由于每个人的年龄、性别、体力状况、健康水平不同，适量运动时的心率也会有差别。通常，老人和孩子可以做一些心率变化较小的轻量运动。如老年人可以多进行手部的单项锻炼，以增强身体的协调性；小孩子则可多做一些机械运动，如摆放积木等等，这类运动虽然看似简单，但其实能大大促进孩子的大脑发育，提高他们的手眼协调能力。

　　另外，检验运动量是否合适还可以参照运动后人体的反应，如运动后的排汗量和轻松程度等。运动时还要有较强的时间观念，一般而言，每次有氧运动的时间应控制在30~60分钟时间。

97. 第2段中的"跟不上"指的是什么?

    A 感觉麻木

    B 反应变慢

    C 思想落后

    D 发育迟缓

98. 过度运动可能会带来什么危害?

    A 衰老速度加快

    B 免疫力降低

    C 大脑机能受损

    D 视力下降

99. 衡量运动是否适量的主要标准时什么?

    A 食欲

    B 睡眠质量

    C 心率

    D 运动协调性

100. 根据上文,下列哪项正确?

    A 运动时间越短越好

    B 运动量因人而异

    C 运动后应立即补充能量

    D 老年人应多进行机械运动

三、书 写

第101题：缩写。

> (1) 仔细阅读下面这篇文章，时间为10分钟，阅读时不能抄写、记录。
>
> (2) 10分钟后，监考收回阅读材料，请你将这篇文章缩写成一篇短文，时间为35分钟。
>
> (3) 标题自拟。只需复述文章内容，不需加入自己的观点。
>
> (4) 字数为400左右。
>
> (5) 请把作文直接写在答题卡上。

　　我的一个朋友在一所大学里当宿舍管理员，在一次聊天儿中，她给我讲了一件很有意思的事情。

　　她负责管理男生宿舍楼。这栋楼每个宿舍住4个学生，每个学生都有一把宿舍钥匙。楼里的男生很爱睡懒觉，总是拖到快上课了，才匆匆忙忙地起床刷牙洗脸，然后直奔教室。因为早上走得匆忙，很多学生往往下课时间回来开门时，才发现钥匙忘在宿舍里，于是只能等其他同学回来开门。多数情况下，同一个宿舍里总有一两个人带着钥匙，但也有那么几次，4个人全忘了带钥匙，所以就都被挡在宿舍外了。无奈之下，他们只能去找宿舍管理员，也就是我的朋友借宿舍钥匙。

　　朋友保管着整栋楼所有宿舍的备份钥匙，因为有这层保障，所以学生忘带钥匙的情况越来越多。朋友为了改变这一现状，便定了个规矩：每个宿舍每学期来找她借钥匙的次数不得超过三次，凡超过三次者，自己想办法把锁弄开，然后再自己掏钱买把新锁换上。

　　学期快结束的时候，朋友把所有宿舍借钥匙的情况做了一次统计。她发现了一个有趣的现象：5楼几个连在一起的宿舍——501到506，居然一次都没向她借钥匙！一次都没借过钥匙的宿舍不是没有，可同一层连着的6个宿舍都没借过的情况却从未有过，这引起了朋友的兴趣。

　　为了解开心里的疑团，朋友特地去其中一个宿舍了解情况，终于知道了他们的"秘密"。原来，这6个宿舍共同制定了一个方案，每个宿舍都另外配了一把钥匙存放到下一个宿舍中。也就是说，如果把这6个宿舍和对应的6把钥匙按顺序编上号，那么，钥匙一就被存放到宿舍二，钥匙二被存放到宿舍三，依此类推，最后一把钥匙就被存放到了宿舍一。这样一来，6个宿舍的24个人中，只要有一个人带了钥匙，那么所有人都不会被挡在宿舍门外。因为只要有一把钥匙，就能先打开一个宿舍，然后取得第二把钥匙再打开第二道门，这样下去，就可以打开所有的门。

听到这里，我忍不住想：假设每个学生忘记带钥匙的几率是50%（实际上应该小于这个数字），那么会不会出现24个学生同时不带钥匙的情况呢？从理论上来讲的是可能的。于是我根据概率论计算了一下，最后的结果令我大吃一惊：24个学生都不带钥匙的几率是千万分之一，近乎于零！我不禁佩服起这群聪明的小伙子来，他们彼此信任、互相合作，让问题迎刃而解。

面对困难时，亲如果我们各自为战，那就如何同一盘散沙，常会自乱阵脚，困难也更加难以克服：而如果我们并肩作战、共同面对问题，困难往往会变得不堪一击，因为这时候我们每个人手里都多了一把"钥匙"，一把能打开所有门的钥匙。

新 HSK
끝짱
모의고사
6급

新汉语水平考试

실전 모의고사 제4회

新汉语水平考试
HSK(六级)
全真模拟题 4

注　意

一、HSK（六级）分三部分：

　　1．听力(50题，约35分钟)

　　2．阅读(50题，50分钟)

　　3．书写(1题，45分钟)

二、听力结束后，有5分钟填写答题卡。

三、全部考试约140分钟(含考生填写个人信息时间5分钟)。

中国　北京　　　　　　　　　　　XXXX/XXXXXX　编制

一、听　力

第　一　部　分

第1-15题：请选出与所听内容一致的一项。

1. A 古塔已不存在
   B 砖塔胡同地面铺满青砖
   C 砖塔胡同历史悠久
   D 砖塔胡同急需维护

2. A 要多吸取教训
   B 恶劣的环境能锻炼人
   C 困难面前要学会变通
   D 悲观的人容易被生活打垮

3. A 电吹风辐射大
   B 微波炉不宜长时间使用
   C 辐射是可以屏蔽的
   D 家店越大辐射也越大

4. A 女演员感到很惭愧
   B 女演员致辞时说错话了
   C 女演员伤害了自尊心
   D 女演员成功化解了尴尬

5. A 格桑花代表财富
   B 格桑花长在沙漠中
   C 格桑花花期短
   D 格桑花生命力顽强

6. A 按摩有利于手部血液循环
   B 吃冷冻食品可减轻肌肉痛
   C 吃冰激凌可能会引发头痛
   D 冰激凌吃多了对肠胃不好

7. A 高压锅做饭快
   B 密封圈并未密封
   C 高压锅耗能大
   D 高压锅易爆炸

8. A 跑步时要注意保护膝盖
   B 转弯时要慢跑
   C 逆时针跑可保护心脏
   D 左腿跑步时重心不稳

9. A 要学会与人沟通
   B 合作时要讲信用
   C 性格互补有利于合作
   D 强势的人不受欢迎

10. A 神经衰弱者不宜喝蜂蜜
    B 蜂蜜是减肥药品
    C 蜂蜜可健脾开胃
    D 蜂蜜对人体有益

11. A 雪化时会释放热量
    B 降雪有助作物生长
    C 雪化时更冷
    D 雪后空气清新

12. A 《茉莉花》深受大众喜爱
    B 《茉莉花》借鉴了西方音乐
    C 《茉莉花》演唱难度很大
    D 《茉莉花》由一对情侣所创

13. A 家训在现代已经不被重视
    B 家训限制个人发展
    C 家训是家族的道德标准
    D 家训有法律效力

14. A 青少年不宜健走
    B 健走属于极限运动
    C 健走体力消耗大
    D 健走能提高身体平衡性

15. A 明式家具风格独特
    B 明式家具闻名海外
    C 明式家具注重细节
    D 明式家具价值连城

第 二 部 分

第16-30题：请选出正确答案。

16. A 节目策划
    B 视频剪辑
    C 培训新人
    D 播音主持

17. A 请教资深记者
    B 仔细检查采访设备
    C 先熟悉采访现场
    D 准备好采访资料

18. A 具备应变能力
    B 胆量大
    C 口才好
    D 能快速记录

19. A 采访时间越短越好
    B 容易忽视细节
    C 缺乏引导力
    D 工作态度消极

20. A 采访时细节问题十分重要
    B 采访后要及时整理材料
    C 采访要抓住关键问题
    D 采访提纲越细越好

21. A 文化所占比重大
    B 读者水平不低
    C 发行量大
    D 创刊时间最长

22. A 质量不如从前
    B 每个月出版一期
    C 是一本时尚杂志
    D 有些文章较难懂

23. A 已形成固定类型
    B 读者数量在不断增加
    C 调整的成本过高
    D 没到有适当的时机

24. A 杂志让知识传播更迅速
    B 知识面拓宽了
    C 纸质杂志发展到了瓶颈期
    D 很有成就感

25. A 男的进修过古典音乐
    B 很多人开始关注传统文化
    C 新媒体概念由男的首次提出
    D 杂志文章要短小

26. A 浪费时间
    B 更高效
    C 收获少
    D 能培养青少年的阅读兴趣

27. A 阅读方式不当
    B 娱乐活动太多
    C 太功利化
    D 好书越来越贵

28. A 确保出版物质量
    B 组织知识竞赛
    C 借助媒体
    D 强化学校教育

29. A 篇幅较长
    B 能提高修养
    C 可提高逻辑性
    D 内容空洞

30. A 要少玩儿电子游戏
    B 应加强对网络读物的管理
    C 阅读应克服浮躁心态
    D 要多参加社会活动

第 三 部 分

第31–50题：请选出正确答案。

31.　A 品质好
　　　B 味道香
　　　C 物美价廉
　　　D 品种少

32.　A 油坊很有名气
　　　B 油坊规模缩小
　　　C 油坊老板很狡猾
　　　D 油坊产油量小

33.　A 成功需要专注
　　　B 要有充满信心
　　　C 竞争推动发展
　　　D 要实事求是

34.　A 起装饰作用
　　　B 被偷走了
　　　C 是空心的
　　　D 很笨重

35.　A 粗绳
　　　B 石头
　　　C 金属
　　　D 泥沙

36.　A 空气阻力
　　　B 地球引力
　　　C 水的浮力
　　　D 风力

37.　A 怀丙很有智慧
　　　B 黄河很少发大水
　　　C 浮桥修建难度大
　　　D 打捞用了三艘船

38.　A 安全性高
　　　B 存储量小
　　　C 体积大
　　　D 不能储存账户信息

39.　A 不受电磁干扰
　　　B 使用寿命长
　　　C 装有电子锁
　　　D 需要电池

40.　A 保护芯片
　　　B 鉴别使用者身份
　　　C 加密个人信息
　　　D 识别电子信号

41. A 竞争太激烈
    B 遭到家人的议论
    C 没有创作灵感
    D 作品不被认可

42. A 能尽快摸清地形
    B 可缓解压力
    C 能欣赏林中景色
    D 可锻炼身体

43. A 要注重细节
    B 做事要坚持到底
    C 做事不能贪多
    D 要有明确目标

44. A 从树上扔核桃
    B 拣壳儿薄的
    C 挑人吃剩的
    D 偷吃人们剥好的

45. A 为保存体力
    B 壳儿被撞破的概率低
    C 为储存更多核桃
    D 想迁徒到别处去

46. A 提醒同伴注意安全
    B 捉弄路人
    C 吸引猎物
    D 利用车辆碾碎核桃

47. A 乌鸦非常有智慧
    B 做事不能怕麻烦
    C 要懂得举一反三
    D 要学会借助外力

48. A 脾气越暴躁
    B 免疫力降低
    C 反应变迟钝
    D 加速衰老

49. A 要重视倾诉
    B 多参加社交活动
    C 具有良好的心态
    D 营造和谐的家庭环境

50. A 消极情绪无法转化
    B 要学会疏导情绪
    C 待人要宽容
    D 环境对情绪的影响很小

二、阅　读

第　一　部　分

第 51-60 题：请选出有语病的一项。

51.　A　四月的春城，赏花的人如潮水一般，处处洋溢着欢笑声。
　　　B　甲队相比，乙队的表现就稍微逊色些。
　　　C　宋代是继唐代之后中国文学史上又一个创作的繁荣期。
　　　D　运动员在参加夏季马拉松比赛时，应及时补充水分，注意防暑降温。

52.　A　在双方经过近半年的谈判中，最终达成了合作意向。
　　　B　傍晚时，很多人喜欢在这条街上闲逛。
　　　C　这届全运会会徽和吉祥物设计的应征者大多是年轻人。
　　　D　太阳笼罩着大地，小草在阳光的沐浴下吐出了嫩绿的细芽。

53.　A　他的话给了我很大的启发。
　　　B　这种花皮茄子不仅味道鲜美，而且价格便宜，因此很受欢迎。
　　　C　《营造法式》是中国建筑学史上一部具有划时代意义的。
　　　D　就在这时，机器忽然发生故障，工人不得不关掉电闸。

54.　A　《史记》与《资治通鉴》并称为中国古代史学"双璧"。
　　　B　西单是北京最著名的商业区之一，日均客流量将近20万以上。
　　　C　这部小说一经网上连载，就引起了巨大的轰动。
　　　D　关于这个问题，不同学派有不同解释，而且针锋相对，各不相让。

55.　A　景德镇瓷器造型优美、种类繁多，其中以"骨瓷"最为有名。
　　　B　时间就像一张网，你撒在哪里，收获就在哪里。
　　　C　孩子们正在为马上立刻到来的春节晚会准备节目。
　　　D　渤海海峡位于辽东半岛与山东半岛之间，是渤海海运交通的唯一通道。

56. A 截止到昨天，我们网站的注册用户已超过50万人。

B 世上没有白吃的苦，每吃一次苦，你就积攒了一些本钱为未来的成功。

C 羽绒是目前最好的天然保暖材料，其保暖性要比其他人造材料好很多。

D 有时候，我们并不是缺乏机遇，而是不懂得如何把握它。

57. A 一个成年人在安静状态下心脏每分钟大约跳动70次。

B 小说的基本特征是通过一定的故事情节来塑造人物形象，反映社会生活。

C 火车渐渐远去，望着母亲越来越模糊的身影，热泪盈眶。

D 与人沟通时，学会倾听比一味诉说更重要。

58. A 玩笑可以活跃气氛，增进彼此的感情，但是开玩笑也要讲分寸，不能涉及他人的隐私，否则就会在无意中伤害到他人。

B 很多人习惯用自己的生日、身份证号或电话号码做密码，但这类密码太过简单，很难被破解。

C 《日出》这部戏剧作品历经70多年，被无数次搬上舞台，至今仍具有很强的感染力。

D 要想使人成长得更快，就要给他活动的自由，而不是将他束缚在一个小小的"鱼缸"里。

59. A 过去一些病症被认为一种不治之症，这样的患者促进了医学发展，这也是一个事实。

B 受中西伯利亚较强冷空气的影响，未来三天，中东部大部分地区将迎来大风降温和雨雪天气。

C 时光的流逝不能抹去我对故乡浓浓的思念，相反，随着年龄的增长，我对故乡的思念愈发强烈。

D 6月22日，与"迪士尼乐园"的"环球影城"并列为世界三大娱乐品牌之一的"环球嘉年华"，在石景山北京国际雕塑公园盛装开幕。

60.　A　凡事若不问青红皂白，就把自己的愤怒发泄到他人身上，很可能就对方造成伤害。

　　　B　随着天文学研究的深入，彗星不再被看做是不祥的征兆，但它在一般人眼中依旧很神秘。

　　　C　由于长时间注视闪烁的电脑屏幕以及保持一种操作姿势，是导致上班族视觉疲劳的主要原因。

　　　D　素有"庐山第一景"之称的石门涧，是庐山的西大门。这里一年四季泉水叮咚，鸟语花香，云蒸雾绕。

第 二 部 分

第61-70题：选词填空。

61.　钟鼓楼是北京南北轴线上的一组_____建筑，也是古都北京的标志性建筑之一。
_____元、明、清三代都城的报时中心，"暮鼓晨钟"使全城有序可循。在钟鼓
楼的建制史上，这座钟鼓楼的_____是最大的。

　　A　年代　　　　充当　　　　造型
　　B　历代　　　　当做　　　　模型
　　C　古代　　　　作为　　　　规模
　　D　朝代　　　　以为　　　　模式

62.　苦难没有统一的衡量准则。同一件事，如果你认为它是无法逾越的难关，那你
就会_____；如果你认为它只是道坎儿，那你迟早会_____过去；如果你认为它
是绊脚石，搬开它，你面前就会出现一条_____的大道。

　　A　再接再厉　　　　踏　　　　广阔
　　B　望而却步　　　　跨　　　　宽阔
　　C　争先恐后　　　　蹦　　　　开阔
　　D　小心翼翼　　　　踩　　　　辽阔

63.　多肉植物又称多浆植物，是指外形_____肥厚多汁的一类植物。它们靠茎、叶或
根内贮藏的水分来_____生命，可以长期生活在_____的环境中。常见的多肉植
物有仙人掌、芦荟等。

　　A　反映　　　　延续　　　　湿润
　　B　暴露　　　　保持　　　　干燥
　　C　体现　　　　捍卫　　　　潮湿
　　D　显得　　　　维持　　　　干旱

64. 炎炎夏日里，不仅身体易中暑，连心理也会中暑。心理中暑指的是人在炎热的
天气里脾气＿＿＿＿、难以平静的心理状态。医学研究＿＿＿＿，当气温超过35℃、
日照时间超过12个小时、空气湿度高于80%时，心理中暑的概率会＿＿＿＿上升。
此时人很容易情绪失控，与他人发生＿＿＿＿或争执。

    A 暴躁   表明   急剧   摩擦

    B 疯狂   指示   猛烈   纠纷

    C 愤怒   显示   敏捷   冲突

    D 凶恶   证实   急切   矛盾

65. 位于四川的卧龙国家自然保护区，南、西、北三面环山，地形呈＿＿＿＿状。冬季
时，南下的寒流被山体＿＿＿＿，使保护区免受寒流的侵袭。夏季时，东南季风从
东部进入，又为保护区带来＿＿＿＿的雨水。所以，这里冬无＿＿＿＿，夏无酷暑，
一年四季温差不大，气候条件非常＿＿＿＿。

    A 包围   阻止   充实   冷酷   优异

    B 关闭   阻挠   丰满   凄凉   杰出

    C 封闭   阻挡   充沛   严寒   优越

    D 闭塞   阻拦   富裕   荒凉   突出

66. 对孩子来说，最＿＿＿＿的伤害是打击他的自信；最大的帮助莫过于＿＿＿＿他信
任与赞美。所以，不论你的孩子现在＿＿＿＿得多么差，你都要鼓励他，帮助他
＿＿＿＿自信。有了父母的肯定和自信，孩子一定会步入成功的殿堂。

    A 悲惨   赠送   实现   创立

    B 严厉   赋予   兑现   确立

    C 残忍   授予   涌现   设立

    D 残酷   给予   表现   建立

67. 《镜花缘》是一部_____了幻想、历史、游记等元素的长篇小说。这部小说的语言滑稽_____，作者将中国古代虚幻国度的_____与荒诞离奇的故事情节结合在一起，为读者_____了一个神秘而浪漫的奇幻世界。

A	集合	开心	学说	展示
B	融合	风趣	传说	呈现
C	混合	夸张	传记	体现
D	合成	幽默	寓言	显示

68. 坚强的_____有很多种。面对打击，宁折不弯是一种坚强，但以柔克刚有何尝不是呢？生活中，勇敢不屈的人_____可敬，但能够用柔韧的智慧去化解_____、克服困难，更是一种_____的境界。

A	模式	不如	毛病	可贵
B	样式	但是	尴尬	高尚
C	形式	固然	矛盾	难得
D	格式	宁可	痛苦	崇高

69. 残茶主要指泡过，但因种种原因不能再次饮用的茶叶。_____这些茶叶，人们常常是一丢了之。但其实残茶有很多_____：如可以擦洗_____的锅碗，清洁木、竹桌椅等。另外，残茶_____干后还可以当枕芯用，具有去火的功效。

A	按照	用途	浑浊	煮
B	依照	效益	黝黑	蒸
C	至于	应用	粗糙	炒
D	对于	妙用	油腻	晒

70. 中国画大多画在易碎的宣纸上或易皱的绢类物品上。想要完好地＿＿＿一幅国
    画，装裱＿＿＿。装裱是中国特有的一种＿＿＿并美化书画及碑帖的技术。它主
    要通过托裱画心、＿＿＿画幅的长宽、美化和修复作品内容，来达到突出书画色
    彩、形象的＿＿＿。

A	收集	微不足道	守护	调节	目标
B	收藏	不可或缺	保护	调整	目的
C	蕴藏	难能可贵	保障	协调	结局
D	集中	举足轻重	维护	调剂	结论

第 三 部 分

第71-80题：选句填空。

71-75.

　　狮子被视为狰狞之兽，人们根据它凶猛的性格，设计出了狮子雕塑，(71)＿＿＿＿＿＿＿＿＿。中国古代陵墓和重要建筑物的大门两旁都有狮子雕塑，它们守护着主人并显示着主人的威势。

　　不同时期的狮子雕塑具有不同的风格。唐代的石雕狮子体形高大、造型夸张，让人望而生畏。比起唐代，宋代石狮的造型更具写实性，大小接近狮子的原型，但整体形象却不如唐代石狮那么威武有力。明清时期，(72)＿＿＿＿＿＿＿＿＿，在宫殿、园林和寺庙里，石狮子、铜狮子、铁狮子比比皆是，它们的造型也比过去复杂得多，比如戴上铃铛等配饰。

　　从历史的发展来看，(73)＿＿＿＿＿＿＿＿＿。唐代的建筑规模宏大，气魄雄伟，壮丽而不纤巧。唐代的石狮子也体现了这种风格。宋代的建筑逐步向秀丽的方向迈进，总体气势不如前代，(74)＿＿＿＿＿＿＿＿＿。清代尤其到了清末，建筑和其他艺术上都表现出一种追求繁琐绮丽的风气，工艺品上堆砌玉石珍宝，建筑装修上镶嵌珐琅玉石，(75)＿＿＿＿＿＿＿＿＿，所以这时期的狮子雕塑被加上了各种配饰，甚至连神态都发生了很大变化。

A　艺术之高低仿佛与金银财宝的多少成了正比

B　并赋予它特殊的使命——护卫

C　这一特点在石狮身上得以展现

D　建筑中留存下来的狮子雕塑更多

E　狮子雕塑的风格与各朝代的建筑风格相符合

76–80.

位于河南省原阳县的玲珑塔，是一座仿木结构的楼阁式砖塔。该塔建于公元 1105 年，塔高约 47.25 米。一般来说，(76)＿＿＿＿＿＿＿＿＿＿，但这座塔却有 12 层，为偶数。这是为什么呢？原来，这里自古便是黄河水泛滥的地区，塔的最底层已被泥沙埋于地下，所以地面上只能看到 12 层。

玲珑塔的结构科学严谨，虽历经 900 多年的历史风烟，经受过 10 多次的地震，(77)＿＿＿＿＿＿＿＿＿＿。玲珑塔还是一座富有民族建筑特色的塔，其造型美观，是宋代寺院建筑中的佳作。登上此塔便可东见浩瀚云海，西览万顷碧绿，南望黄河波涛，北眺太行峰峦，(78)＿＿＿＿＿＿＿＿＿＿。

最令人惊奇的是，这座古塔竟然明显地向东北方向倾斜，好像随时都会倒塌似的。据说，玲珑塔处于风口地带，为了抵御东北风，在建造该塔时，当时的能工巧匠故意让塔身往东北方向倾斜。后来，随着黄河水的浸泡，(79)＿＿＿＿＿＿＿＿＿＿。

这座玲珑塔是目前世界上发现的最古老的斜塔。据悉，该塔还有继续向东北方向倾斜的趋势，有关部门正在想办法减缓其倾斜的速度，(80)＿＿＿＿＿＿＿＿＿＿。

A　将各色美景尽收眼底

B　以留住这已存在了近千年的别致景观

C　但它至今仍巍然屹立

D　塔身倾斜的角度就更大了

E　中国古塔的层数多为奇数

第 四 部 分

第 81-100 题：请选出正确答案。

81-84.

　　雾凇是雾冻结在树枝或电线上形成的白色或乳白色不透明的冰晶。雾凇的形成需要两个条件：一是气温要低，二是水汽要充足。吉林市就因其特殊的自然条件和人为因素形成了中国四大自然奇观之一——吉林雾凇。

　　吉林市冬季气温一般在零下20到25℃。每到冬季，尽管松花湖湖面一抹如镜、冰冻如铁，但冰层下面几十米深处仍能保持4℃的水温。原来，从吉林市溯流而上15公里就是著名的丰满水电站。水电站大坝将江水拦腰截断，形成了巨大的人工湖泊——松花湖。湖水通过水电站发电机组后，温度有所升高，湖水载着巨大的热能顺流而下，于是便产生了大量的雾气。这就为雾凇的产生提供了两个必要而又相互矛盾的条件——足够的低温和充分的水汽。蒸腾的水汽在遇到冰冷的树枝、电线等物体后，便冻结起来形成了雾凇。

　　除观赏外，雾凇还有很多实际用处。首先，雾凇是空气的天然清洁工。人们在观赏玉树般的雾凇时，都会感到空气格外清新，这是因为雾凇可吸附空气中悬浮的各种尘埃和粒子，从而净化空气。其次，雾凇还是天然的"消音器"。由于雾凇具有厚度大、结构疏松、空隙度高的特点，所以它对音波的反射率很低，能吸收和容纳大量音波，因此，在雾凇密集的树林里人们会感到特别幽静。

81. 雾凇的形成需要下列哪个条件?

    A 水汽充足

    B 天气晴朗

    C 树枝茂密

    D 风势强劲

82. 湖水通过发电站后，有什么变化?

    A 水温升高

    B 其中的水生植物减少

    C 流速减慢

    D 水质变好

83. 下列哪项不是雾凇的作用?

    A 欣赏的作用

    B 降低噪音

    C 保护电线

    D 净化空气

84. 关于雾凇，可以知道什么?

    A 可漂浮于空中

    B 在下雪天出现

    C 呈透明状

    D 结构疏松

有这样一种鱼，它的眼睛很大，呈椭圆形，中间被一层膜分开，看起来就像4只眼睛，它就是"四眼鱼"。因为拥有4只眼睛，所以它觅起食来就有了得天独厚的条件。

四眼鱼的4只眼睛都可以视物，一般，上面那对眼睛用来看空中的东西，下面那对则用来看水中的东西。按理说，四眼鱼拥有这种优势，应该比其他鱼类活得更轻松自在。但出人意料的是，四眼鱼的数量却在一天天减少。这是什么原因呢？科学家最初也<u>不得其解</u>，毕竟四眼鱼的眼睛多，对捕捉食物更有利，而且水中食物丰富，不存在食物匮乏的问题。后来，经过几年的细致观察，科学家最终查明了原因，四眼鱼的数量之所以不断减少，恰恰与它的4只眼睛有关。

因为拥有4只眼睛，四眼鱼就用下面那对眼睛捕捉食物，用上面那对眼睛望天看风景，但它却忽略了来自周围的危险。一边吃着美味的食物，一边欣赏风景的四眼鱼，极易成为水中其他鱼类的攻击对象。那些凶猛的鱼类会乘其不备时，将它吞掉。结果，刚才还悠闲快活的四眼鱼，眨眼间就成了其他鱼类的腹中之物，这不能不说是一种悲哀。

生活中，我们也常遇到这种情况，明明占据优势，却因得意忘形，最后把优势变成了劣势。所以，拥有优势的时候，也要警惕其可能带来的危险。只有合理利用自身优势，才能使自己立于不败之地。

85. 关于四眼鱼的眼睛，可以知道什么？

A 只能看到移动的物体

B 有一对眼睛睁不开

C 呈椭圆形

D 长在鱼身的一侧

86. 第2段中的画线词语"不得其解"是什么意思？

    A　找不到重点

    B　不明白原因

    C　极力反对

    D　意见不统一

87. 四眼鱼为什么容易受到攻击？

    A　肉质鲜美

    B　游速慢

    C　身体笨重

    D　对周围环境不警惕

88. 上文主要想告诉我们什么？

    A　世上没有十全十美的事物

    B　要看到他人的长处

    C　要正确利用自身优势

    D　要学会劳逸结合

89-92.

　　雨是从云层中落下来的水滴。雨滴有大有小：瓢泼大雨的雨滴直径一般有三四毫米，最大可达7毫米，而毛毛细雨的雨滴直径则在0.5毫米以下。

　　为了测量雨滴的大小，人们设计了许多方法，比如雷达观测法、光学雨量计法、摄影法、面粉球法和色斑法等。雷达观测法和光学雨量计法可实时、大面积地测量雨滴直径及分布等情况，一般用于观测天然降雨。摄影法是把拍摄出的下落中的雨滴相片，放在显微镜下测量雨滴直径的方法，非常适用于在实验室内观测模拟降雨。面粉球法是将雨滴收集在盛有面粉的容器中，让雨滴与面粉接触，形成一个个小小的湿面球，然后将其烘干后称重，测出每个雨滴的直径。色斑法是通过雨滴在不同材料上所形成的色斑大小，来推测相应雨滴直径的，也是应用非常广泛的一种测量方法。也许有人会问，有必要测量雨滴的大小吗？答案是肯定的。

　　下大雨时，雨滴击溅可能会破坏土壤环境结构，造成土壤表层空隙减少或者堵塞，形成土壤板结。而且，雨滴过大还可能会打伤幼苗。如果我们掌握了降雨量以及雨滴大小的数据，就可以采取防范措施。减轻即将到来的大雨对土壤和农作物的损害。此外，下大雨时，不少电视频道也会开始"下雨"，影像变得模糊不清，连移动电话也会出现杂音。这些都是由雨滴对电磁波的散射衰减作用造成的，雨滴大小不同，造成的散射衰减程度也不同，所以测量雨滴的大小就成了解决此类通讯难题的前提条件。

89. 根据上文，哪种方法最适用于在实验室内观测模拟降雨？

　　A　摄影法

　　B　面粉球法

　　C　光学雨量计法

　　D　色斑法

90. 雨滴过大可能会有什么影响？

    A 造成土壤沙化

    B 使营养物质流失

    C 打伤幼苗

    D 加剧土壤酸化

91. 为什么下大雨时电视的影像会变得模糊不清？

    A 电视机电压不稳

    B 受雷电的影响

    C 雨滴会干扰电磁波

    D 雨滴损坏了电视机电路

92. 上文主要讲的是：

    A 人工降雨的原理

    B 雨滴形成的原因

    C 雨水对农作物的重要性

    D 测量雨滴的方法及意义

　　你听说过浅层地温能吗？它是一种低于 25℃ 的热能，一般蕴藏在地表以下 200 米范围内的岩土体、地下水和地表水中。浅层地温能的来源以太阳辐射为主，还有一小部分来自地心热量。

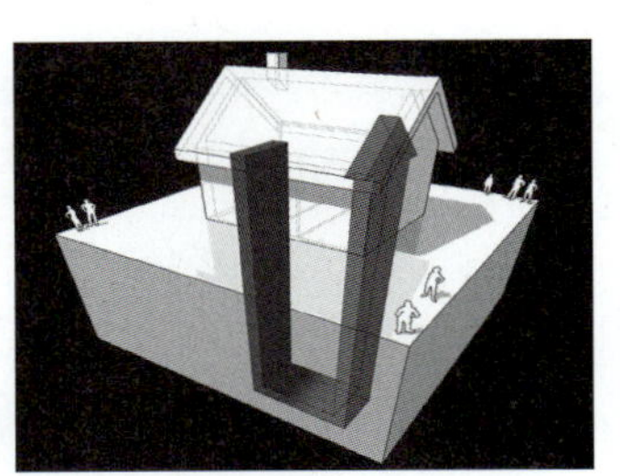

　　我们的地球可以称得上是一个巨大的热库，它的热能资源储量极为丰富，约为地球上全部煤炭所蕴含能量的 1.7 亿倍。就浅层地温能来说，它的储量几乎是全球能源消耗总量的 45 万倍，极具经济价值。

　　浅层地温能是一种清洁无污染的能源，我们只需消耗少量的电能对其进行开发，便可提取出大量的热能。并且开发过程中不会产生二氧化碳等废气，也不会影响地下水的水质，水量也不会发生任何变化，对环境影响极小。与传统能源相比，浅层地温能无处不在，人们可以就近开采，就地取热为建筑物供暖，极大地节省了运输和存放的成本。

　　可见，浅层地温能具有众多优点。那么，我们该如何开采这种比人类体温还要低很多的能源呢？科技人员认为，使用热泵是一种比较好的方式。热泵和水泵的工作原理相似，水泵是利用管道将水从低位抽到高位的机械，而热泵传输的不是水而是热能。一般情况下，我们居住的室内环境和地层土壤温度之间有一定的温差。冬季时，我们可以利用热泵把地下的热能抽出来，给室内供暖；夏季时，再利用热泵把室内的热能取回来，排放到地下储存起来。这种自然和人工相结合的补给方式，实现了地温能量的动态平衡，使浅层地温得以循环利用。

　　随着地球能源的大量消耗，能源危机日渐凸显，开发利用新能源将是必然趋势。作为一种重要的新能源，浅层地温能将会受到越来越多国家的重视。

93. 关于浅层地温能的来源，可以知道：

    A 小部分来自煤炭燃烧

    B 地心热量占绝大部分

    C 与地质运动有关

    D 主要来自太阳辐射

94. 下列哪一项不属于浅层地温能的优点？

    A 清洁环保

    B 开发过程中耗电低

    C 覆盖范围广

    D 改善水质

95. 第4段主要谈的是什么？

    A 浅层地温能的开采

    B 水源的工作原理

    C 使用热泵的注意事项

    D 冬季取暖的方法

96. 根据上文，下列哪项正确？

    A 利用浅层地温能会造成能源危机

    B 浅层地温能开发潜力大

    C 浅层地温能循环利用率低

    D 地球热能资源储量贫乏

97-100.

　　鸽子认路的本领大得惊人，不论是白天还是黑夜，不论是疾风还是骤雨，甚至在千里之外，它们都能找到回家的路。那么鸽子是怎样记住飞行路线的呢？

　　为了解开这个谜题，科学家们做了一个实验。他们挑选了20只受过训练的鸽子，把其中10只脚上系上铜棒，另外10只脚上系上磁棒，然后把它们同时运送到遥远的地方，并在阴雨天放飞。结果，系铜棒的鸽子在两天内有8只回家，而系磁棒的鸽子却迷失了方向，4天后仅有一只鸽子精疲力尽地回到家。由此可见，磁棒产生的磁场会影响鸽子对地球磁场的判断，这说明鸽子平时飞行主要依靠的是地磁导航。

　　鸽子为什么能利用地磁导航呢？一位生物学家在鸽子眼窝背后的脑外侧发现了一个一平方毫米大小的磁性组织，这种磁性组织含铁丰富，是鸽子的生物指南针。有了它，鸽子才能在远途飞行时，利用地球磁场确定方向。

　　尽管如此，关于鸽子认路的原理仍然是<u>众说纷纭</u>，除了地磁因素，做其他推测的也大有人在。有人认为，鸽子可以根据太阳、月亮或星星的位置来判定方向。白天，只要有一线阳光，鸽子就可以把太阳当做罗盘，利用自身生物钟来判断太阳移动的方向。到了晚上，它可以利用天上的星星、月亮来导航。可是问题来了，如果遇到阴雨天怎么办？于是又有人说，鸽子可以通过气味认路。还有人说，鸽子可以听到数千里以外的地音频，并以此来确定飞行方向。

　　目前，我们对鸽子认路本领的研究还不是十分全面，要想真正认识鸽子导航的生物学机制，还需要更多的实验。

97.　根据第2段的实验，下列哪项正确？

　　A　地球磁场很不稳定

　　B　阴雨天鸽子难辨方向

　　C　鸽子飞行主要靠地磁导航

　　D　铜棒影响鸽子的飞行速度

98. 根据第3段，鸽子的"生物指南针"指的是：

　　A　眼窝

　　B　神经末梢

　　C　体内的金属元素

　　D　脑外侧的磁性组织

99. 第4段的画线词语"众所纷纭"，说明：

　　A　鸽子有许多本领

　　B　影响实验结果的因素很多

　　C　对鸽子认路原理的说法很多

　　D　人们的推测都没有依据

100. 最适合做上文标题的是：

　　A　鸽子认路之谜

　　B　鸽子的送信原理

　　C　太阳对鸽子认路的影响

　　D　鸽子根据星星确定方向

三、书　写

第101题：缩写。

> (1)　　仔细阅读下面这篇文章，时间为10分钟，阅读时不能抄写、记录。
>
> (2)　　10分钟后，监考收回阅读材料，请你将这篇文章缩写成一篇短文，时间为35分钟。
>
> (3)　　标题自拟。只需复述文章内容，不需加入自己的观点。
>
> (4)　　字数为400左右。
>
> (5)　　请把作文直接写在答题卡上。

　　春秋时期，晋献公听信谣言，杀掉了之前立的太子。晋献公的另外一个儿子重耳感到了危险，于是便决定逃往别的诸侯国。

　　经过千辛万苦，重耳来到了楚国。楚国的国君楚成王认为重耳日后一定会有大作为，就以国君之礼来招待他，待他如上宾。重耳对楚成王也十分尊敬。两个人就这样成为了朋友。

　　一天，楚成王摆宴席招待重耳，两人饮酒聊天儿，气氛十分融洽。忽然，楚成王问重耳："假如有一天，你能回到晋国并当上国君，会怎么报答我呢？"重耳思考片刻后，说："大王您从来不缺什么稀世珍宝，楚国还盛产各种珍禽羽毛，物产丰富。晋国远比不上贵国的富有，没有什么奇珍异宝可以献给您啊。"

　　楚成王说："你也太谦虚了。"重耳接着说道："不过，要是托大王您的福，我能够回到晋国，并当上晋国的国君，那我一定努力跟贵国交好，让咱们两国的百姓都过上太平的日子。但是万一两国发生了战争，那么在两军相遇的时候，为了报答大王您，我一定会命令我的军队退避三舍。如果还得不到您的原谅，我再与您交战。"古时候行军，每30里叫一"舍"。退避三舍，也就是退让90里的意思。

　　后来，重耳果真回到了晋国，还成为了国君，也就是历史上赫赫有名的晋文公。晋国在晋文公的领导下，国力不断强盛，国土面积不断扩大。晋文公还努力训练军队，积极准备争霸中原。

　　公元前633年，楚成王率兵攻打宋国，宋国向晋国请求援助。晋文公于是联合其他诸侯国前去救援，迫使楚国军队北上。楚成王见形势对自己不利，便决定率军队赶紧撤离，并命令手下将军避免和晋国军队决战。但楚国的将军刚愎自用，不顾形势变化。仍率楚军杀向了晋军的驻扎地。

此时，晋文公命令自己的军队往后撤，不要与楚军交锋。晋军的将士们都感到很不理解，问他："仗还没打，怎么就让我们撤退呢？楚军虽然强大，但是为了保卫自己的国家，我们愿意拼死一战！"

晋文公说："当初我流亡到楚国，受到了楚成王的厚待，于是就向他承诺：如果两国交战，晋国情愿退避三舍。如今，我必须履行诺言！"于是，晋军向后一口气退了30里地。随后，他们楚军紧跟了过来，就又退了30里。谁知，楚军仍然穷追不舍，晋军就又退了30里。最后，他们总共退了90里，也就是三舍。

楚国的将军见晋军不断后退，以为对方害怕了，就命令军队继续追击。这时，晋军不再避让，而是集中兵力，奋勇作战，大破楚军，取得了这次战争的胜利。

后来，人们就用"退避三舍"来比喻主动避让他人，以避免冲突。

新HSK
끝짱 **6**급
모의고사

新汉语水平考试

실전 모의고사 제5회

新汉语水平考试
HSK(六级)
全真模拟题 5

注　意

一、HSK（六级）分三部分：

    1．听力(50题，约35分钟)

    2．阅读(50题，50分钟)

    3．书写(1题，45分钟)

二、听力结束后，有5分钟填写答题卡。

三、全部考试约140分钟(含考生填写个人信息时间5分钟)。

中国　北京　　　　　　　　　　　　×××× / ×××××× 　　　编制

一、听 力

第 一 部 分

第1-15题：请选出与所听内容一致的一项。

1. A 蜡烛是文明时代的标志
   B 火最初只用于照明
   C 蜡烛上有动物脂肪
   D 蜡烛起源于火把

2. A 人的性格是天生的
   B 环境对人有塑造作用
   C 青春期是成长的关键期
   D 幼儿教育很重要

3. A 杆秤称重不精确
   B 杆秤容易折断
   C 杆秤制作过程复杂
   D 杆秤操作简便

4. A 经理应变能力强
   B 厨师被开除了
   C 餐厅在发优惠券
   D 顾客无理取闹

5. A 环境对人的影响很大
   B 要学会处理人际关系
   C 职场中要保持积极心态
   D 对人要热情

6. A 晏殊作弊了
   B 晏殊的分数最高
   C 晏殊受到了皇帝的赞赏
   D 晏殊重做了一遍题

7. A 该馆面积很大
   B 该馆馆藏丰富
   C 该馆有6万件标本
   D 中国有很多珍稀动物

8. A 赞助可提升企业形象
   B 赞助可增加销量
   C 品牌产品不易被淘汰
   D 产品质量对品牌至关重要

9. A 有天赋就能成才
   B 不要过分讲究完美
   C 唐伯虎后来学画很用功
   D 唐白虎画的更逼真

10. A 读梦机有助于恢复记忆
    B 发明读梦机只是幻想
    C 读梦机已投入使用很多年
    D 读梦机可识别梦中人脸图像

11. A 找准企业发展方向很关键
    B 创业者需有良好的沟通力
    C 创新力是创业成功的基础
    D 个人能力决定创业成败

12. A 春天常有水管出汗现象
    B 水管出汗表示某处有渗漏
    C 水管内水温变化大
    D 水管大量出汗是下雨的前兆

13. A 节能灯越用越暗
    B 节能灯管不能随意丢弃
    C 节能灯利用气体放电原理工作
    D 节能灯尚未普及

14. A 座头鲸游动速度快
    B 座头鲸听觉敏锐
    C 座头鲸喜欢群居
    D 座头鲸歌声优美

15. A 南瓜是喜阴植物
    B 天气变化会影响南瓜生长
    C 南瓜蔓儿生长缓慢
    D 南瓜蔓梢方向可预示天气变化

第 二 部 分

第16-30题：请选出正确答案。

16. A 与专业相关
    B 利润高
    C 市场需求大
    D 感觉更有意义

17. A 可免费注册
    B 便捷高效
    C 不受地域限制
    D 可信度高

18. A 积极面对相亲
    B 参加户外活动
    C 提高自身素养
    D 扩大交友圈

19. A 经济基础
    B 保留隐私空间
    C 理解与沟通
    D 统一的价值观

20. A 看重创业结果
    B 曾涉足投资领域
    C 热衷实验
    D 通过相亲结婚

21. A 良好的机遇
    B 优秀的团队
    C 充足的资金
    D 务实的态度

22. A 急需别人的帮助
    B 踏实走好每一步
    C 在摸索中前进
    D 困难很多

23. A 看清问题本质
    B 协调各方矛盾
    C 勇于尝试新事物
    D 果断取舍

24. A 要结合自身爱好
    B 多参加培训
    C 选择新兴行业
    D 做好规划

25. A 热心公益事业
    B 曾是小学教师
    C 创办了一所学校
    D 创业之路很顺畅

26.　A　人才外流
　　　B　应聘者要求多
　　　C　管理策略缺失
　　　D　招聘程序复杂

27.　A　团队精神
　　　B　技能
　　　C　态度
　　　D　学识

28.　A　勤于动手
　　　B　多与人交流
　　　C　培养艺术爱好
　　　D　亲近自然

29.　A　积累人脉
　　　B　完善自己
　　　C　培养吃苦精神
　　　D　巩固知识

30.　A　男的喜欢阅读
　　　B　求职不应只看重薪酬
　　　C　职业规划可有可无
　　　D　男的大一便开始实习

<h1 align="center">第 三 部 分</h1>

第 31 – 50 题：请选出正确答案。

<table>
<tr><td>

31.   A 其他家用设备干扰
      B 插头掉了
      C 电视机出毛病了
      D 保险丝烧断了

</td><td>

36.   A 营造气氛
      B 提示测试流程
      C 提醒时间
      D 吸引志愿者

</td></tr>
<tr><td>

32.   A 卫星脱离正常轨道
      B 接收器收不到信号
      C 太阳被完全遮挡
      D 卫星和太阳在一条线上

</td><td>

37.   A 广告无法提升经济效益
      B 品牌商品质量好
      C 品牌偏好可以改变
      D 要重视商品包装

</td></tr>
<tr><td>

33.   A 天气变化会干扰无线信号
      B 卫星凌日很少发生
      C 天体运行会影响信号接收
      D 太阳发出的电波很弱

</td><td>

38.   A 同你握手
      B 脚朝你的方向移动
      C 对你微笑
      D 调高说话声音

</td></tr>
<tr><td>

34.   A 价格最贵的
      B 看得最久的
      C 评价最高的
      D 第一眼看见的

</td><td>

39.   A 善于伪装
      B 会反映身体状况
      C 总保持一种表情
      D 常透露内心真实想法

</td></tr>
<tr><td>

35.   A 免费试用
      B 商品拍卖
      C 商品促销
      D 限时抢购

</td><td>

40.   A 向同伴发出暗号
      B 舒缓内心焦虑
      C 吸引他人注意
      D 辅助表达感情

</td></tr>
</table>

41. A 随年龄增长而缩短
    B 与地球公转有关
    C 易被打乱
    D 比地球自转周期稍长

42. A 与外界完全隔离
    B 室内外温差大
    C 有钟表
    D 有娱乐设施

43. A 细胞活动
    B 阳光
    C 饮食
    D 气温

44. A 眨眼拍照
    B 转动眼珠关闭电脑
    C 用眼睛暂停视频
    D 用眼睛控制音量

45. A 测量眼睛与设备的距离
    B 捕捉眼部变化特征
    C 检测眨眼频率
    D 计算眼球转动时间

46. A 手机
    B 车载播放器
    C 探测器
    D 电子阅读器

47. A 发展存在局限
    B 造价高
    C 会损伤视力
    D 能识别人眼的全部动作意图

48. A 了解船的结构
    B 观察别人划船
    C 学游泳
    D 熟悉航线

49. A 让自己心安
    B 想照着读
    C 时刻提示自己
    D 给观众展示

50. A 学习要持之以恒
    B 做事应有备选方案
    C 做事要有条不紊
    D 学习要讲求效率

二、阅 读

第 一 部 分

第51-60题：请选出有语病的一项。

51.　A　人生的价值不在于你和别人相像的地方，而在于你与别人的不同之处。

　　　B　春草冒出尖尖的脑袋，似针似线，点缀着大地。

　　　C　屋里安排着鲁迅先生曾用过的一些物品。

　　　D　她毫无争议地成为了本届世界超级模特大赛的总冠军。

52.　A　他事先没有充分地调查研究，以致得出了错误的结论产生。

　　　B　口弦是彝族人民文化艺术生活中最常见的一种乐器。

　　　C　最新的一项研究显示，午间小睡有助于儿童巩固上午所学的内容。

　　　D　旅客须持与票面身份信息一致的本人有效身份证原件进站上车。

53.　A　泉州木偶戏始于汉、兴于唐、盛于宋，历史悠久。

　　　B　秋冬交替之时，银杏树满身金黄，十分好看。

　　　C　低碳环保的生活方式已成为一种趋势，逐渐为大众所远离。

　　　D　对于公司人才闲置的现象，王经理至今还没有拿出一个有效的解决方案。

54.　A　拙政园是苏州园林中面积最大的一座，在江南园林中极具代表性。

　　　B　为了培育好这些树苗，他每天都坚持去地里查看并做记录。

　　　C　"金无足赤，人无完人"，任何人都会有缺点。

　　　D　雪崩的发生归因于冰雪能够承受的压力有关。

55.　A　北京四合院有着深厚的文化底蕴，是中华传统文化的载体。

　　　B　一切伟大的行动都有一个微不足道的开始。

　　　C　鱼类所含有的蛋白质属于优质蛋白，易把人体吸收。

　　　D　持续的高温天气引起了公众的广泛关注。

56. A 本公司办理各类运输保险，您的货物安全护航。

B 中华书局一直以传承中华文明为己任，整理并出版了大批古籍。

C 人们习惯将日常生活中那些不太好办却又算不上困难的事称为"麻烦"。

D 人工炒制的茶叶一般都较完整、鲜亮，口感也比较清醇。

57. A 抗生素有很强的杀菌性，可有效抑制细菌细胞壁的合成，抑制细菌生长。

B 北极村是中国境内唯一一处可以观赏到极光和极昼现象。

C 海水深度在200米以内的大陆架，蕴藏着大约1500亿吨石油。

D 救援人员冒着滂沱大雨，在泥泞的小路上快速前行。

58. A 这种新研制的牙膏不仅香气浓郁，还能使牙齿洁白光亮，因此深受消费者喜
   爱。

B 作为人类文明奇迹和世界文化艺术瑰宝，敦煌壁画的重大价值不止在于数量
   巨大，更在于其内涵博大精深。

C 那时，世界上很多国家才知道，虽然用化肥和农药能大大提高农作物产量，
   但后果是真可怕的。

D 很多时候，把困难看得太清楚，分析得太透彻、考虑得太详尽，我们反而会
   被它吓倒。

59. A 太阳房是指利用太阳能取暖发电、去湿降温和通风换气的节能环保型住宅。

B 刺猬身上的刺不仅可收集果子，还是一种防卫武器。当刺猬受到侵袭时，身
   体就会团成一个刺球，使侵犯者扫兴而去。

C 专家认为，早在文字出现以前，作为口头文学的民歌就已经在民间广泛流传
   了。

D 到目前为止，人类还不能完全控制自然灾害，农业收成的好坏很大程度上还
   是取决于自然条件的好坏决定的。

60.   A   沙坡旅游区集大漠、黄河、高山和绿洲为一体，既有西北风光之雄奇，又有江南景色之秀美。

      B   贵州阴雨天多，气候潮湿，所以人们常用"天无三日晴"来形容其气候特征。

      C   闹钟响后继续睡，醒后却感觉更累。这是因为闹钟响后，所以大脑会不断发出起床提醒，睡眠质量大打折扣。

      D   电子促销券是指由商家发放的，以电子媒介形式制作、传播和使用的促销优惠凭证。

第 二 部 分

第61-70题：选词填空。

61. 潜力股本来指在未来一段时间内具有上涨潜力的股票，后用来指尽管现在不是
     非常_____，但是在能力、人气等方面都有很大发展_____的人。若未来有_____
     的机遇，他们就会取得很大的成就。

     A 出色   前景   合适
     B 优越   预兆   舒适
     C 突出   前途   合格
     D 优秀   背景   适宜

62. 宜昌古称夷陵，是巴蜀文化的发源地。宜昌地处长江中上游，_____就是兵家必
     争、商旅云集之地。_____三峡工程蓄水、通航、发电目标的实现，宜昌独特的
     大坝景观、峡江风光、民俗风情等_____优势将日益突显。

     A 自古以来   随着   资源
     B 不言而喻   跟随   物资
     C 一如既往   接着   资本
     D 家喻户晓   伴随   资产

63. 秋天树叶落地时一般都是正面朝下。树叶正面的细胞中含有很多叶绿体，且排列
     _____紧密，而背面细胞中叶绿体较少，排列_____，因此正面要比背面_____。
     所以树叶落地时，通常是正面朝下，背面向上。

     A 齐全   稀薄   壮
     B 完整   疏远   硬
     C 整齐   疏松   重
     D 全面   分散   宽

64. 云锦因其色彩绚丽、美如天上云霞而得名，_____已有1500多年的历史。它浓缩了中国丝织技艺的_____，有"寸锦寸金"之说。云锦集历代织锦_____之大成，是中国乃至全世界最珍贵的历史文化_____之一。

A	曾经	宝贝	文艺	文物
B	始终	经典	手法	资源
C	至今	精华	工艺	遗产
D	总共	核心	手艺	资产

65. 汤圆是中华民族的传统小吃之一，历史十分_____。汤圆虽好吃却不适合做早餐，这是因为_____汤圆的主料——糯米粉黏性很高，不易消化，再加上汤圆馅儿油脂高，会加重胃肠_____。所以汤圆最好是在中午吃，此时人的胃肠消化功能最强，有_____的时间来消化汤圆里过多的热量。

A	长久	创造	包负	富裕
B	持久	加工	责任	充沛
C	悠久	制作	负担	充分
D	遥远	制定	义务	充足

66. 自然界中的一草一木，都有其存在的价值与_____性。大自然总是会用一只无形的手，_____地调节和平衡各种生物之间的关系，而人类所要做的就是_____自然法则和规律，与自然_____相处。

A	合法	奇妙	遵守	和气
B	充实	敏捷	尊敬	和睦
C	合理	巧妙	尊重	和谐
D	必要	灵敏	遵循	和蔼

67. 白洋淀_____河北省中部，是中国海河平原上最大的_____，平均蓄水量可达
13.2亿立方米，白洋淀水产_____丰富，有淡水鱼50多种，并以大面积的芦苇
荡和千亩连片的荷花淀而_____。

A	坐落	沙滩	资产	著名
B	占据	陆地	物资	知名
C	位于	湖泊	资源	闻名
D	处于	沼泽	能源	驰名

68. 肢体动作可以传递_____，有时甚至比有声的语言更容易吸引对方的注意。人的
每个肢体动作都代表或者隐含着一些_____的含义，掌握这些有助于我们在沟通
中准确_____对方的态度，及时做出_____。

A	信号	独特	抓紧	答复
B	信息	特殊	把握	回应
C	因素	神秘	推测	答应
D	情景	奇妙	琢磨	反应

69. 哺乳动物和鸟类为什么会_____地躲避高压电线呢？科学家发现，电线发出的紫
外线是动物躲避它的主要_____。电线周围会发出不_____的紫外线，虽然人类
看不见，但动物却看得很清楚，而且电压越大，紫外线越强，它们的躲避_____
也就越高。

A	自发	动机	规矩	比例
B	自觉	原因	规则	程度
C	自主	道理	规范	频率
D	自动	理由	正规	幅度

70. 阿尔山＿＿＿太兴安岭西南麓。远古时期，这里的岩浆活动＿＿＿而强烈，为阿尔山留下了丰富的地质遗迹和自然＿＿＿。这里有亚洲面积最大、保存最完整的火山熔岩＿＿＿；有世界最大、可洗可饮的矿泉群；有世上＿＿＿的天池群，还有在 -40℃ 以下也不会结冰的不冻河。

A	属于	繁忙	财产	景色	难得
B	坐落	忙碌	资产	风景	珍稀
C	位于	频繁	财富	景观	罕见
D	在于	漫长	宝藏	情景	珍贵

第 三 部 分

第71-80题：选句填空。

71-75.

　　　　节约是自然界进化发展的神圣法则之一，动物在进化的过程中就很好地贯彻了这一法则。众所周知，水作为生物最基本的组成成分，其比热是随着温度的变化而变化的。(71)＿＿＿＿＿＿＿＿，这是因为水在35℃时的比热最小，也就是说在这个温度时，动物为保持体温恒定所需要吸收和释放的热量最少。又例如蜻蜓的翅膀只有5厘米长，(72)＿＿＿＿＿＿＿＿，重量仅0.005克。然而，它却具有足够的强度和硬度，能在一秒钟内扇动20至40次，让蜻蜓飞行15米远。这种翅膀构造可谓是节约的典型了。

　　(73)＿＿＿＿＿＿＿＿。人们发现，某些植物的叶子是按照螺旋状排列的，夹角为137°30'，这样的叶序排列能使植物的采光面积达到最大。有建筑设计师借鉴这一采光原理，设计建造了一座13层高、外形呈螺旋状的大楼。结果发现，(74)＿＿＿＿＿＿＿＿。另外，人们还从雨滴下落时前圆后尖的形状中得到启发，设计制造了阻力很小的雨滴状汽车。空气从车前拂过时，在车后不会形成空气漩涡，(75)＿＿＿＿＿＿＿＿。

A　面积不过4.6平方厘米

B　恒温动物的体温大都保持在35℃左右

C　从而大大地提高了车的行驶速度

D　这个大楼里的每个房间都能照到阳光

E　自然界中的节约法则极大地启发了人类

76-80.

> 　　研究发现，当人们觉得凭自己的能力无法完成一件事，或者可能会搞砸一件事的时候，就会产生恐惧感。但是，(76)＿＿＿＿＿＿＿＿＿＿，我们就会发现，其实这种恐惧感很多时候都是毫无依据的。
>
> 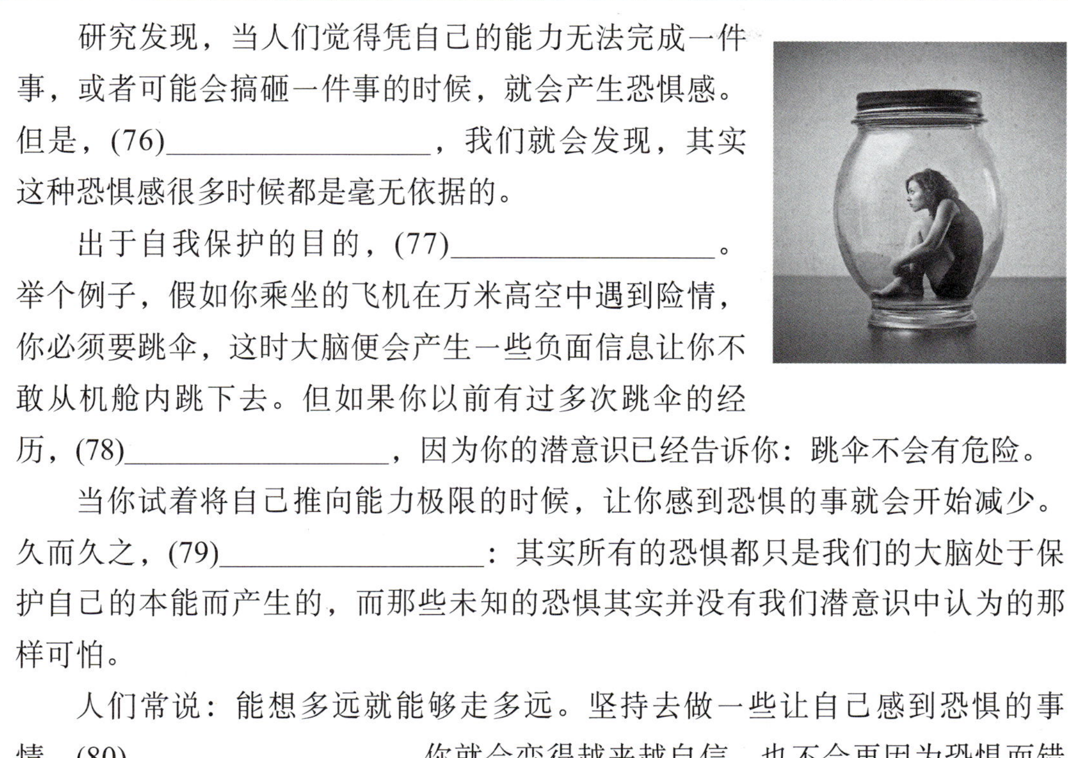
>
> 　　出于自我保护的目的，(77)＿＿＿＿＿＿＿＿＿＿。举个例子，假如你乘坐的飞机在万米高空中遇到险情，你必须要跳伞，这时大脑便会产生一些负面信息让你不敢从机舱内跳下去。但如果你以前有过多次跳伞的经历，(78)＿＿＿＿＿＿＿＿＿＿，因为你的潜意识已经告诉你：跳伞不会有危险。
>
> 　　当你试着将自己推向能力极限的时候，让你感到恐惧的事就会开始减少。久而久之，(79)＿＿＿＿＿＿＿＿＿＿：其实所有的恐惧都只是我们的大脑处于保护自己的本能而产生的，而那些未知的恐惧其实并没有我们潜意识中认为的那样可怕。
>
> 　　人们常说：能想多远就能够走多远。坚持去做一些让自己感到恐惧的事情，(80)＿＿＿＿＿＿＿＿＿＿，你就会变得越来越自信，也不会再因为恐惧而错失体验人生的大好机会。

A　你会悟出这样一个道理

B　当我们尝试去做这件事时

C　或是完成一些原先自己认为不可能做到的事情

D　大脑会不顾一切地阻止人们做一些有风险的事

E　便不会有这样的恐惧感

第 四 部 分

第81-100题：请选出正确答案。

81-84.

　　心理学上有一个著名的现象叫做框架效应。它指的是对于同一个问题或同一种情况，不同的表达方式会导致接受方做出不同的决定。在生活中，框架效应很常见。有这样一个典型的案例：

　　甲加油站每升汽油卖7.6元，但如果以现金的方式付款，每升汽油可以便宜0.6元。而乙加油站每升汽油卖7元，但如果用信用卡付款，则每升要多付0.6元。面对这两种选择，人们通常会认为甲加油站的价格要比乙加油站的更吸引人，所以大多数人都会去甲加油站加油。但事实上，无论从哪个加油站购买汽油，所花的钱都是一样的。但由于两个加油站不同的表述方式，导致了人们更倾向于选择甲加油站。

　　这是一种复杂的心理现象。如果人们选择去乙加油站购买汽油，心里往往会感到不舒服。这是因为甲加油站是与某种"效益"联系在一起的，而乙加油站则是与某种"损失"联系在一起的。人们在利益的驱动下，自然会选择貌似很占便宜的甲加油站。

　　通过这一事例可以发现，人们在做决定时很容易受框架效应的影响。生活中，那些看似很有诱惑力的选项，往往会让人们掉入决策的陷阱。

81.　根据框架效应，什么会影响人们的决定？

　　A　坚定的立场

　　B　人际关系

　　C　表达方式

　　D　审美习惯

82. 根据第2段，下列哪项正确？

    A 刷卡消费更划算

    B 汽油价格波动大

    C 人们不喜欢用现金付款

    D 两个加油站油价一样

83. 人们为什么更倾向于选择甲加油站？

    A 服务非常周到

    B 获得的实际利益更多

    C 汽油品质更好

    D 感觉得到了某种优惠

84. 上文主要想告诉我们：

    A 不要被表面现象迷惑

    B 要懂得货比三家

    C 做决定要果断

    D 不能重利轻义

　　一个年轻人在经历了几次失败的面试后，心灰意冷，便不再继续找工作。一天，他看见父亲种的南瓜无人照料，想到自己也没事可做，于是就去地里给南瓜施肥、浇水、灭虫，干得非常认真。

　　在他的精心照料下，瓜藤长得非常茂盛。可奇怪的是，那些茂盛的瓜藤上却迟迟不结瓜。千盼万盼，好不容易结了一个，但长到拳头大小就没再长，反而渐渐萎缩，最后竟然烂掉了。年轻人以为是肥料不足，于是又给南瓜施了很多肥。可结出的瓜依然无一例外都"夭折"了。他沮丧地问父亲："为什么瓜藤长得那么好，却结不成瓜呢？"父亲说："你用竹签从瓜藤中间插过去，以后结的瓜就不会烂了。"

　　于是，年轻人照父亲说的，拿了一大把竹签到地里准备插瓜藤。可刚插了一根，他就下不去手了。他心想：自己费尽心思才种出这么好的瓜藤，为什么要刺伤它们？再说，完好的瓜藤都结不成瓜，受伤的又怎能结成呢？年轻人怀疑父亲故意捉弄他，于是就干脆把剩下的竹签都扔掉了。

　　之后，那根被插了竹签的瓜藤长势明显赶不上其他的瓜藤。可出乎意料的是，这根受伤的瓜藤竟结出了南瓜，而且南瓜并没有烂掉，反而长得飞快，最后竟然长到了15公斤。而那些没有插竹签的瓜藤，只空长了一堆藤叶。

　　年轻人不解地问父亲："为什么好的瓜藤结不成瓜，而受伤的瓜藤反而结出了一个大瓜呢？"父亲说："瓜和人一样，肥料下得足不见得有用，有时吃点儿苦、受点儿磨难更有助于成长。"年轻人恍然大悟，于是开始积极地寻找工作，在一次次的应聘失败中总结经验教训，最后终于找到了一份满意的工作。

　　人生的道路不会总是一帆风顺，但只要我们肯在自己这根"瓜藤"上插一根"竹签"，勇于在逆境中磨砺自己，就一定能够实现我们的人生目标。

85. 根据第2段，下列哪项正确？

　　A　南瓜长得都不好

　　B　父亲也无能为力

　　C　瓜藤都烂掉了

　　D　年轻人没用心照料南瓜

86. 年轻人为什么把竹签扔掉了？

　　A　用不了那么多

　　B　觉得父亲在骗他

　　C　想到了更好的办法

　　D　竹签太难插

87. 关于那根被插了竹签的瓜藤，可以知道：

　　A　叶子异常茂盛

　　B　被施了更多的肥料

　　C　结出的南瓜更大

　　D　有15米长

88. 上文主要想告诉我们：

　　A　要善于思考

　　B　虚心才能进步

　　C　成长需要经历磨难

　　D　要有坚定的信念

　　你是否曾经为在某次宴会上把饮料洒了一身而懊恼很久？你是否曾经在公共场合摔倒后迅速起身，虽然装作若无其事，但还是觉得极为丢脸？很多人的回答都是"是"。这就是心理学中"焦点效应"的表现。焦点效应是人类的一种普遍心理，主要表现是过度关注自我，把自己当做一切的中心，过高地估计周围人对自己外表和行为的关注度。

　　为了观察人们对其他人的关注度究竟有多高，心理学家曾做过一个实验：他让几个大学生穿上某名牌衬衫走进教室，在此之前，他让这些学生预计一下教室里会有多少人注意到他们的衬衫，大家都觉得至少会有一半儿的同学注意到。而实际上，最后的调查结果却出人意料，只有不到四分之一的人注意到了这一点。这个实验说明，我们往往会不自觉地放大别人对我们的关注程度，觉得他们对自己非常在意，而事实并非如此。所以，如果下次再遇到把饮料弄洒或者其他尴尬的情况时，你完全不必不好意思，因为关注你的人要比你想象的少得多。

　　如果我们总是觉得别人非常关注自己，总觉得自己是人们视线的焦点，一举一动都受到监控，这样下去很容易产生社交恐惧。有社交恐惧的人往往心理压力较大，他们难以容忍自己的社交失误。比如，当他们发现自己恰巧是宴会上唯一一位没有主人准备礼物的客人，他们会为此苦恼很久。所以，只有正确理解焦点效应，除去压在自己身上沉重的心理负担，才能享受轻松的社交生活。

89. 第1段主要谈的是什么?

   A 几种常见的心理疾病

   B 焦点效应的表现

   C 宴会上的礼节

   D 焦点效应在医学上的应用

90. 第2段的实验说明了什么问题?

   A 人喜欢关注新奇事物

   B 人常高估他人对自己的关注度

   C 大学生并不追求名牌

   D 人会出于礼貌忽略别人的错误

91. 有社交恐惧的人:

   A 不能容忍自己的社交失误

   B 总感觉别人对自己不友好

   C 习惯掩饰自己的错误

   D 不愿接触陌生人

92. 第3段主要想告诉我们:

   A 要扩大自己的社交圈

   B 心理压力很难消除

   C 要学会卸去心理负担

   D 不要因为别人的失误而苦恼

在新疆浩瀚的荒原中，常常会见到一座座矗立"城堡"、一系列奇特的"雕塑"，犹如鬼斧神工一般，人们称其为"魔鬼城"。魔鬼城不仅仅存在于新疆，世界上许多干旱的沙漠地区都有此奇观。

其实，魔鬼城并不是真正的城市，而是一种典型的风蚀地貌——雅丹地貌。在一些极度干旱的地区，地表常因干涸而裂开，随着时间的流逝，这些裂隙越来越大，于是，原本平坦的地面产生了许多不规则的垄脊和沟槽。那么形状各异的雅丹地貌又是如何被塑造出来的呢？我们知道，地表是由不同性状的岩石一层层相叠而成的。这些岩石有的坚硬，如花岗岩；有的松软，如砂岩、泥岩。在长期的强风作用下，比较松软的部分被吹蚀，而比较坚硬的部分则被保留下来，从而形成了千姿百态的地形地貌。所以，岩石的性状与风力的大小是形成雅丹地貌的重要条件。

这种风蚀地貌在新疆的分布相当广。罗布泊西北的楼兰地区有着最为典型的雅丹地貌，堪称最全面的地质资料宝库。该地区的土丘由泥岩和砂岩相叠构成，丘体高约10到20米，长约200到300米，且成行列式整齐分布。远远望去，这些土丘既像海湾中停泊待航的巨大舰队，又似鳞次栉比的高楼大厦，蔚然壮观。

魔鬼是恐怖的，魔鬼城却是可爱的。如今，新疆很多的魔鬼城已被开发成了旅游景区，吸引了许多中外人士前来观光。

93. 魔鬼城一般出现在什么地方？

A 热带地区

B 高原

C 干旱地区

D 盆地

94. 下列哪项是雅丹地貌形成的重要条件？

    A 风

    B 充足的阳光

    C 充足的降雨

    D 悬殊的昼夜温差

95. 根据第3段，楼兰地区：

    A 有很多高楼大厦

    B 船舶制造业发达

    C 人口密度大有

    D 被称为地质资料宝库

96. 根据上文，下列哪项正确？

    A 新疆水土流失严重

    B 魔鬼城可由人工建造

    C 雅丹地貌正逐年增加

    D 魔鬼城已成为旅游景点

在日益全球化的今天，会讲两种语言比只会一种语言具有明显的交际优势。近年来，科学家们又有新的发现：熟谙两种语言会让人更聪明。使用双语会对人的大脑产生深刻的影响，提高人的认知能力，甚至还能预防老年痴呆。

长期以来，研究人员和教育工作者都认为第二语言是一种干扰。从认知的角度来说，学习第二语言会影响儿童的学业和智力发育。有充分的证据表明，即使双语者只使用一种语言，他们大脑中的两种语言系统也都同时处于活跃状态，从而会出现一种语言系统妨碍另一种语言系统的状况。

不过，这种干扰与其说是障碍，倒不如说让双语者因祸得福。许多研究表明，使用双语能够增强大脑的执行功能。在我们做计划、解决问题以及执行其他对智力要求比较高的任务时，这种功能可以引导我们忽略干扰、集中注意力、随意在两件事情之间转换注意力以及牢记信息等。

为什么两种同时活跃的语言系统间的冲突会提高这些方面的能力呢？有研究者认为，双语者的优势主要来自于某种抑制能力，这种能力有助于训练双语者的大脑忽视其他干扰。不过，这种解释显然不够充分。因为也有研究表明，即使在完成不需要抑制能力的任务，如将纸上任意分布的数字按升序排列时，双语者的表现也比只使用一种语言的人出色。

另外，双语者比只使用一种语言的人具有更加突出的监控环境的能力。在执行任务时，他们参与监控的那部分大脑的活动较少，这表明他们这方面的能力更强。研究者说："双语者需要频繁切换语言——你可能跟爸爸说话时用一种语言，跟妈妈说话时又用另一种语言，这就要求你时刻注意周围环境的变化，这和开车时随时留意周围是一个道理。"

97. 根据第1段，掌握两种语言的人：

   A 更聪明

   B 爱独立思考

   C 更敏感

   D 更长寿

98. 第3段中的"因祸得福"指的是什么?

   A 大脑的执行功能得到提高

   B 消除了文化隔阂

   C 逻辑思维能力增强

   D 记忆力更好

99. 下列哪项属于双语者的优势?

   A 突出的环境监控能力

   B 识别差异的能力更强

   C 获取信息更快

   D 驾驶技术更好

100. 根据上文，下列哪项正确?

   A 研究者不同意学习双语

   B 双语者的抑制能力差

   C 双语者的语言系统相互干扰

   D 双语者的注意力很难集中

三、书 写

第101题：缩写。

(1)　　仔细阅读下面这篇文章，时间为10分钟，阅读时不能抄写、记录。

(2)　　10分钟后，监考收回阅读材料，请你将这篇文章缩写成一篇短文，时间为35分钟。

(3)　　标题自拟。只需复述文章内容，不需加入自己的观点。

(4)　　字数为400左右。

(5)　　请把作文直接写在答题卡上。

　　秦朝末年，楚国有一个叫季布的人，他性情耿直、乐于助人。而且只要是他答应过的事情，无论遇到多大的困难，他都会设法办到，从不会让求助于他的人失望。所以，季布一直都很受大家的尊敬。

　　秦朝灭亡后，刘邦与项羽展开了争夺天下的大战。季布作为项羽的部下，很受项羽的器重。他为项羽进献良策，并主动带兵出击，多次使刘邦的军队陷入困境。

　　不过，最终刘邦打赢了这场战争，建立了汉朝，并当上了汉朝的开国皇帝。他每次想起季布帮助项羽让自己的军队多次陷入困境的事就气愤不已，于是下令捉拿季布。他专门让人贴出告示：如有举报季布行踪者，赏黄金一千斤，而如果有人敢窝藏季布，则予以重罚。

　　季布平时非常讲信用，帮助过很多人，大家都感念他的恩情。因此，当刘邦的告示公布于天下之后，有许多知道季布行踪的人不但不受金钱的诱惑上报他的行踪，甚至还冒着生命危险，尽心尽力地保护季布。当时，还流传着这样一句话"得黄金千斤，不如得季布一诺"。后来，季布藏到了一个叫朱家的人家里。朱家也很欣赏季布，他不仅努力保护季布，还专门找到刘邦的亲信滕公，准备说服他，让他为季布求情。

　　其实，滕公也认为季布是一个不可多得的人才，再加上朱家的一番劝说，他就答应了下来。滕公对刘邦说："我知道您之所以捉拿季布，是因为他当初曾帮助项羽，使您的军队陷入困境。但那时候，季布是项羽的部下，他为项羽打仗，这是他应尽的责任啊。同时，这不也表明季布是一个有才干、有责任心的人吗？何况，现在您刚刚赢得天下，就因为从前的仇恨捉拿季布，作为一个皇帝来说，会显得您太没有气量了。”

　　滕公见刘邦并没有反驳他的意思，于是就接着说道：“您现在这么恨季布，到处捉拿他，假如他因为害怕，再去为别的国家效力，与汉朝作对，这不是给您增添了不必要的麻烦吗？依我说，您还不如现在就把他召进宫来，给他一个合适的官职，让他为您做事。这样他不仅不会投奔他国，给您带来威胁，说不定还会对您十分感激，从而发挥自己的才智为汉朝做出贡献。另外，您这么做的话，老百姓也会赞扬您爱惜人才，大家一定都会很敬重您，愿意归顺您。”

　　刘邦听后，点了点头，觉得滕公说得有一定的道理，便接受了他的建议，并立即派人撤去了告示，将季布召进宫来，任命他为郎中。后来，季布果然对刘邦十分感激，而且不负众望，竭尽所能为汉朝做出了很大的贡献。

녹음 스크립트

<h1 align="center">〈제1회〉 녹음 스크립트</h1>

（音乐，30秒，渐弱）

大家好! 欢迎参加HSK(六级)考试。
大家好! 欢迎参加HSK(六级)考试。
大家好! 欢迎参加HSK(六级)考试。

HSK(六级)听力考试分三部分，共50题。
请大家注意，听力考试现在开始。

<h2 align="center">第 一 部 分</h2>

第1到15题，请选出与所听内容一致的一项。现在开始第1题：

1. 日前，中国古都学会认定河南省开封市为夏朝都城。至此，这座有着七朝都会之称的古城正荣升为八朝古都。它的最早建成时间也被提前了。

2. 女儿红是一种糯米酒，产于浙江绍兴一带。在绍兴，生了女儿的人家，在女儿满月的时候，都会选数坛好酒埋于地下或藏于地窖内。等到女儿出嫁的时候，再取出来招待亲朋好友。女儿红也由此得名。

3. 每天各种各样的信息，充斥着我们的手机和邮箱。就算我们不主动关注，最新鲜热门的信息，也会被推送到我们眼前。把握最新信息本来是件好事，可如果过量，就会给人造成困扰，甚至使人患上信息疲劳综合症。

4. 以前有个书店老板，替顾客送信件。由于信件大多是情书，寄信人常担心信件内容被曝光，引起尴尬。所以老板制作了许多简易的纸袋，将信装在里面，封好后再送往目的地。据说，纸质信封就是这样诞生的。

5. 空中滑板是一种让人心跳加速、热血沸腾的极限运动。进行这项运动的人，脚踩滑板，背着降落伞从飞机上一跃而下。在自由落体期间表演各种特技，姿势如同在海上冲浪一般。所以，这项运动也叫空中冲浪。

6. 持之以恒的精神固然可贵，但如果我们坚持的方向是错误的，那坚持到底的结果也只能是一错再错。敢于放弃不切实际的理想，重新选择正确的方向，也是一种人生智慧。

7. 雪松——树体高大，树形优美，是世界上著名的观赏树种之一。它具有较强的防尘与减噪能力。最适于栽种于草坪中央、广场中心或主要建筑物的两旁。另外，雪松木质轻软，不易受潮，还是一种重要的建筑用材。

8. 汽车音响设备的音量，不能开得太大。这是因为车内空间小，声压大。车内音响设备对听力造成永久性损伤的风险要比家庭音响高得多。而且声音越大，驾驶员的反应速度越慢，引发交通事故几率也就越高。

9. 人生如行路。如果总看到比自己优秀的人，说明你在走上坡路；假如看到的都是与自己水平差不多的人，说明你正原地踏步；若总是看到不如自己的人，则说明你已开始走下坡路。

10. 俗话说"有理也要让三分，得饶人处且饶人"。这句话告诉我们，凡事都应适可而止，给别人留有余地。同时，也是给自己留一条后路。很多时候，理直气和远比理直气壮更能让人诚服。

11. 中医把荷叶奉为减肥的良药。它主要有分解脂肪、消除便秘和利尿三种作用。荷叶泡的茶，即使长期饮用，对身体也没有副作用。此外，荷叶中的生物碱还具有明显地降血脂、抗病毒等功效。

12. 妙峰山位于北京市门头沟区。山势峭拔、风景优美。妙峰山以"古庙"、"奇松"、"怪石"、"异卉"而闻名。山上古迹众多，是北方最具文化底蕴的风景名胜之一。

13. 岫玉是一种历史悠久的玉种，考古人员曾在古人类洞穴遗址中发掘出3件岫玉制品，证实了在旧石器时代晚期，人类就开始使用玉器。作为最早被发现和使用的玉种，岫玉素有"古玉之光，万年瑰宝"的美誉。

14. 银离子具有杀菌功效，每升水中只要含有五千万分之一毫克的银离子，就可杀死水中的大部分细菌。所以，日常生活中，多使用银餐具或者佩戴银首饰，对人体健康有一定的好处。

15. 二十四节气，是一种通过反映天气变化，来指导农事活动的补充历法。形成于春秋战国时期，众所周知，农业的发展受到气候条件的制约。所以，二十四节气对农业有着重要的指导作用。

第 二 部 分

第16到30题，请选出正确答案。现在开始第16到20题：

第16到20题是根据下面一段采访：

女：你觉得做话剧导演最大的快乐是什么？

男：话剧舞台很纯粹，可以坚持的东西更多一些。只要是我看好的题材和剧本，我就会主动出击，去寻找合适的演员和合作伙伴。尽量使最后呈现的结果更接近我的初衷。

女：你觉得一部话剧最吸引观众的是什么？

男：有两个方面，一个是文学层面，一个是表演层面。简而言之，就是用好的表演去呈现一个好的故事。

女：作为导演，你在挑选演员的时候，是否有自己独特的标准呢？

男：没什么独特的。标准只有一个，那就是要胜任角色。

女：现在很多明星都参演话剧，对此你怎么看？

男：大部分观众对话剧文化的了解还很少，基础还很薄弱。我觉得今天我们仍然处于话剧的启蒙年代。因此明星演话剧是好事，可以吸引更多的观众走进剧场。

但是这些走上戏剧舞台的明星，必须同时也是优秀的演员。如果仅仅是看重明星的商业价值就让他们来演话剧，对话剧本身是一种伤害。剧场不是明星的秀场，在剧场里，观众最终还是要看作品质量的。

女：那你怎么对待话剧的商业化呢？

男：我觉得商业化是大势所趋。在商品社会里，你必须承认话剧是艺术，同时也是文化商品。但这个商品必须是高质量高品质的，不能丢失了话剧本体的东西。就像某些话剧，每次演出都爆满，票价也越来越贵。你能说这些话剧不商业吗？如果简单地将话剧和商业对立起来是很浅薄的。

女：最后，请你评价一下自己在话剧方面的表现吧。

男：在话剧创作上，我算是一个年轻的保守派，因为我对传统永远都怀着敬慕之心。我一直认为，只有深入学习并理解了传统，才能知道如何去发展话剧文化。

16. 男的认为什么样的话剧能吸引观众？
17. 男的挑选演员的标准是什么？
18. 男的怎样看待明星参演话剧？
19. 对于话剧的商业化，男的认为应注意什么？
20. 男的为什么说自己是保守派？

第21到25题是根据下面一段采访：

女：能跟我们说一下，您是何时开始接触昆曲的吗？

男：我生平第一次接触昆曲差不多是在9岁时，那时有幸在上海看到一场梅兰芳和于振飞大师的戏，演的是《牡丹亭》里面的一则——《游园惊梦》。从那之后，我便和昆曲和《牡丹亭》结下了几十年的缘分。

女：您最开始有制作青春版《牡丹亭》的想法大概是什么时候？

男：大概是03年，有人请我去做一个昆曲的演讲。我当时请了一些年轻演员去做示范演出，其中有两个演员的气质非常像《牡丹亭》中的男女主角柳梦梅和杜丽娘。从那时候开始，我便下了决心要制作青春版的《牡丹亭》。

女：青春版《牡丹亭》在国外巡演过多次，演出的反响如何呢？

男：观众的反映非常热烈，我们的观众群很年轻，学生的观众差不多占了六七成。我们到很多大学去演出，几乎每场都有80%的上座率。有时演完以后，观众站起来鼓掌的时间可以持续十几分钟。可以看出他们非常喜欢这部青春版的《牡丹亭》。另外，很多外国观众对水袖动作特别感兴趣，他们觉得演员能把水袖挥舞得那么优雅，非常不可思议。

女：一段时间以来昆曲变得很时尚，甚至变成了一种非常高雅的文化消费活动，您怎么看待这种变化？

男：我觉得这很好。其实昆曲从晚明到前清时期一直独霸中国剧坛。我们只是在发挥这个传统而已。青春版《牡丹亭》就好像老树开花一样，给昆曲带来了新的生命。有一件很有意思的事，我们的戏在北大演完后，北大的一个学生在网上留言说。世界上只有两种人，一种是看过青春版《牡丹亭》的，一种是没看过的。可见大家对青春版《牡丹亭》的喜爱。

女：青春版《牡丹亭》取得了非常大的成功，在年轻人当中掀起了昆曲热，您觉得这应归功于哪些因素呢？

男：我觉得第一是《牡丹亭》这部戏写得好，第二是昆曲的美学价值高，可以超越一切文化的界限；第三，我得说我们的制作，包括演员的选择都是非常恰当的，服装和整个舞台制作也相当成功。另外，我们的观众非常有耐心，因为看完整场戏要坐9个小时，这对于一般人来说是很困难的。

21. 关于03年那次示范演出，下列哪项正确？

22. 外国观众觉得水袖动作怎么样？

23. 北大学生的话说明了什么？

24. 下列哪项不是青春版《牡丹亭》成功的原因？

25. 根据这段对话，下列哪项正确？

第26到30题是根据下面一段采访：

女：能给我们介绍一下什么叫自由潜水吗？

男：所谓自由潜水，是指不携带水下供气设备，屏息进行的潜水方式。自由潜水员只靠一口气屏息潜入水中。或感受水中的宁静，或挑战自己的深度，或与大型海洋生物共游。与水肺潜水相比，自由潜水抛弃了繁重的装备，更加自由自在。因为没有气泡的产生，潜水员更容易与大型海洋生物接触。可以拍出更多优美的照片。

女：学潜水需要什么基本条件吗？比如：会游泳。

男：学习自由潜水，其实门槛非常低。只要你年满18岁，身体健康，没有什么心血管儿系统或肺部疾病，以及其他影响潜水的疾病，并且喜欢这项运动就可以了。不是一定要会游泳，但至少不能怕水。对于有潜水经验的人或者是游泳好的人来说，学习起来可能更加容易。

女：对你来说，自由潜水最大的魅力是什么？

男：自由潜水最大的魅力就在于，有机会可以和自己对话。当我们下潜前进行调息时，需要完完全全地集中精神。这时，整个世界就只有你自己。你不得不听得见自己的呼吸，周围的一切仿佛都离你很远。你闭上眼睛，陷入一种深深的冥想之中。世界寂静下来，天空和海之间的界限仿佛已经不存在。然后你再深深地吸满一口气下潜，和整个海洋融为一体。

女：你印象最深的一次潜水经历是什么？

男：12年8月，我在一个小渔村附近的海域潜水，那天看起来和之前并没有什么不同。我正在进行调息。忽然一起训练的人拍了拍我的肩膀，让我看身后。我扭头一看，一条十米长的鲸鲨就在我们身后。它简直就跟一辆小公共汽车似的。我知道，它是世界上最大的鱼类。但它性情却非常温顺，主要是以浮游生物和小鱼、小虾为食。我非常兴奋，而这只鲸鲨貌似对我们也很感兴趣，还一圈儿一圈儿地围着我们转。甚至有一次，它张开大嘴朝我游过来，然后轻轻地擦着我的身体过去。仿佛小猫在撒娇一样。它绕着我们转了很久才离开。当地人说我们真是太幸运了。很多人专门来看鲸鲨，等了两个月都一无所获。而我们仅仅来了几天，就有幸近距离接触它。

26.　与水肺潜水相比自由潜水有什么特点？

27.　什么样的人不能学潜水？

28.　男的认为，潜水最大的魅力是什么？

29.　关于鲸鲨，下列哪项正确？

30.　关于自由潜水，可以知道什么？

第 三 部 分

第31到50题，请选出正确答案。现在开始第31到33题：

第31到33题是根据下面一段话：

　　即使性格内向，羞于在人前讲话的人，看演唱会时，也会跟着大声唱歌。看体育比赛时，也会高声为运动员呐喊助威。同一个人在不同的场合，怎么会有这么大的变化呢？这是因为，当人置身于团体之中时，个人意识会变得非常淡薄。心理学将这种现象称为没个性化。个人意识变淡后，人们就会觉得，反正周围没有人认识自己，更不会有人留意自己，终于可以做喜欢做的事情了。所以，没有了人际关系的束缚。害羞的人也会大声唱歌、高声呐喊了。此外，大声喊叫还是一种释放精神压力的方法，可以使人心情舒畅。

31.　害羞的人处于团体中时，个人意识有什么变化？

32.　为什么害羞的人在听演唱会时可以大声歌唱？

33.　大声喊叫的好处是什么？

第34到37题是根据下面一段话：

　　春秋时期，郑国都城内有一所学校，人们都喜欢在那里聚会畅谈。一天，一位叫然明的官员路过那儿，听到里面的人正在评判朝政得失，议论官员是非。然明愤怒地转身离开。找到另一位大臣子产抱怨道："老百姓在学校里没有学到什么有用的东西，倒是学会了抨击政事。如果这些言论流传出去，对国家有害无益，干脆把学校拆了吧。"子产听完，摆摆手说："我先请教你一件事。当河水暴涨，即将溃堤时，是因势利导，放掉一些水比较好，还是加高堤岸，把水堵住比较好呢？""当然是放掉一些水比较好。"然明答道。子产接着说道："君主治理国家，官员处理政务时都免不了会出些差错。老百姓把我们的错误都指出来，我们就可以及时改正。但如果我们拆了学校，老百姓也无处宣泄，自然不得不把不满情绪憋在心里，久而久之，就会像暴涨的河水一样，堵塞得越厉害，冲决堤岸时的力量就越大，造成的危害也就越严重。"然明听后，心服口服。

34. 老百姓喜欢在学校里谈论什么?

35. 然明听到老百姓的议论后，有什么感受?

36. 然明认为河水暴涨时，应该怎么做?

37. 子产觉得朝廷应如何处理老百姓的意见?

第38到40题是根据下面一段话：

　　一次，著名画家吴冠中在整理画作时，竟将自己创作的几百幅作品撕毁了。他撕画的行为被人们戏称为"烧掉豪华的房子"。对此，吴冠中淡定地表示：我只想保留那些让行家挑不出毛病的画儿。吴冠中这样做，不仅仅是撕毁了精心创作的画作，更是将巨大的财富拒之门外。如此否定自己需要莫大的勇气，但是我们不得不说，吴冠中否定自己的行为其实也是一种智慧。他这样做，既是对画作的欣赏者和买家负责，也是对自己信誉和口碑的维护。有时候，人生得失决不能只看眼前，维护长远利益才是最明智的选择。

38. 吴冠中为什么要撕画儿?

39. 为什么有人觉得吴冠中的行为是"烧掉豪华的房子"?

40. 这段话主要想告诉我们什么?

第41到43题是根据下面一段话：

　　汉语中的"推敲"一词，意为反复琢磨。它是由唐朝诗人贾岛锤炼诗句的故事引申而来的。一天，贾岛在街上行走，随口吟了一首诗。其中两句是："鸟宿池边树，僧推月下门。"贾岛觉得诗中的"推"字用得不够恰当，想改为"敲"字。但又不知"敲"字是否真的合适。因此，他一面思考，一面用手反复地做着推门和敲门两种动作。路人看到贾岛的行为，都感到十分奇怪。这一幕恰好也被当时的著名诗人——韩愈看到了。韩愈问他在做什么。贾岛就将自己斟酌"推"、"敲"二字的事情讲了一遍。韩愈听后，深思片刻说道："'敲'字好，在万物入睡，沉静得没有一点儿声息的时候，敲门声更显得夜深人静。"贾岛连连拜谢，并把诗句定为："僧敲月下门"。从此，"推敲"一词，便用来表示——反复修改文字或深入思考问题。

41.　路人觉得贾岛的行为怎么样?

42.　韩愈为什么认为"敲"字更好?

43.　这段话,主要谈的是什么?

第44到47题是根据下面一段话:

　　　　近年来,一些驱蚊软件受到了很多年轻人的追捧。但从科学的角度来讲,它们却未必靠谱儿。这些驱蚊软件的开发者,都声称,软件是根据仿生学及声学原理开发的。通过手机或电脑运行,可以发出与蚊子的天敌蝙蝠、蜻蜓等相同频率的超声波,从而达到驱蚊的目的。但这里存在两个问题:其一,超声波到底能不能驱蚊。据生物学专家介绍,蚊子对超声波虽有一定的感知能力,但由于蚊子交流的复杂性,现在还没有足够的范例,能证明哪种声波能对蚊子有影响。其二,即便超声波能有效地驱蚊,但我们日常生活的手机、电脑,真能产生这样的超声波吗?我们知道,人的听觉范围在20赫兹~20000赫兹之间。电脑、手机的音响就是根据人耳的这种听觉特性设计的。蝙蝠、蜻蜓等发出的声音都是20000赫兹以上的超声波。其中,蝙蝠发出的超声波更是高达300000赫兹。也就是说,要起到驱蚊作用,就一定要用特殊的设备来播放超声波才行。从技术层面上来说,目前的电脑和手机都不可能实现这项功能。

44.　这段话中的"靠谱儿"是什么意思?

45.　开发者声称,驱蚊软件是利用什么原理开发的?

46.　人的听觉范围是多少?

47.　根据这段话,下列哪项正确?

第48到50题是根据下面一段话：

　　一天，唐伯虎在家中作画时，突然来了几个熟人。他们对墙壁上的书画指指点点，妄加评论。噪声使得唐伯虎无法静心作画，但他又不好下逐客令。为了让他们安静下来，唐伯虎给大家出了道题。只见他在一张白纸上涂了一团墨，说猜一个字。然后，就进里屋作画去了。这群人面对一团墨，猜了大半天，却没有一个人猜中。这时，唐伯虎的好友祝枝山来了。众人忙上前求他破解谜题。祝枝山一看，稍微一笑，对众人说："此题不难，墨团就是大黑点儿。而大黑点这三个字组合起来就是沉默的默字。"众人听后顿时醒悟，便一声不响地离开了。

48. 那群人来的时候，唐伯虎在做什么？

49. 唐伯虎为什么给那群人出题？

50. 知道答案后，那群人是怎么做的？

听力考试现在结束。

〈제2회〉 녹음 스크립트

（音乐，30秒，渐弱）

大家好！欢迎参加HSK(六级)考试。

大家好！欢迎参加HSK(六级)考试。

大家好！欢迎参加HSK(六级)考试。

HSK(六级)听力考试分三部分，共50题。

请大家注意，听力考试现在开始。

第 一 部 分

第1到15题，请选出与所听内容一致的一项。现在开始第1题：

1. 在中国民间汉族历来就有生日吃寿面（长寿面）的习俗，据说这一习俗早在汉代就已出现。长寿面的主料是高筋粉可搭配各种调料使用。人们借长长的面条儿来祈愿长寿，同时也表达了对未来生活的美好期盼。

2. 蝴蝶兰是热带兰中的珍品，素有兰中皇后的美誉。它全部盛开时，仿佛一群蝴蝶在翩翩起舞。那种飘逸的姿态会令人产生一种如诗如画，似梦似幻的感觉。

3. 每个人对幸福的理解不尽相同，对幸福的认识也就很难有统一的标准。幸福度的高低完全取决于你自己的心态。只要你能保持一份好心情，并用乐观积极的心态对待每一件事，幸福就会像影子一样跟随着你，与你一路同行。

4. 身上的鳞片，不但可以保护它们，还可以帮助它们爬行。蛇在曲线向前爬行时，弯曲部位的蛇鳞片会翘起来，帮助它们抓住路面，推动身体前行。所以，蛇没有脚，照样可以走路。

5. 西红柿以后不一定叫做"红柿"了，还也可能是黑色的。科学家最近培育出一种独特的西红柿。它拥有黑色的外皮和紫红色的枝叶。虽然这种西红柿卖相不那么吸引人，但却富含抗氧化剂，是一种营养极为丰富的食品。

6. 从长远来说，有责任感的人远胜过有能力的人。如果一个人没有责任感，即便身处重要位置，他也会觉得有些事情与自己无关，找种种借口逃避。而有责任感的人，则会主动、尽全力履行自己的职责，甚至会做得更多。

7. 火把节是彝族、白族等少数民族的传统节日，有着深厚的文化内涵，蜚声海内外，被称为"东方的狂欢节"。 这些民族举行火把节的时间不同，但大多是在农历六月二十四这天。主要活动有：斗牛、赛马、摔跤和歌舞表演等。

8. "三思而后行"作为一句儒家经典，意思是说：做事情之前，应先考虑其可行性以及这样做会产生的结果和影响。它告诫人们要慎重思考，以免因一时冲动或考虑不周，而做出令自己后悔的事。

9. 研究表明，运动或劳动时听音乐，能减轻人的疲劳感。而且如果跟着音乐的节拍运动或劳动，人的耐力或代谢速率都会有所提高。很多音乐就是为劳动而创作的，比如：劳动号子。

10. 化石燃料终将枯竭。尽管没有人能够准确预测出枯竭的时间，但这一天迟早会到来。从火山到波浪再到藻类，科学家正在竭力寻找替代能源，以满足化石燃料枯竭之后，全球巨大的能源需求。

11. 极限运动是对一些难度较高，且挑战性较大之组合运动项目的统称，例如：滑板、极限单车、攀岩、雪板、空中冲浪等等。除了崇尚竞技体育、超越自我生理极限的精神外，它更强调参与，娱乐和勇敢的精神，追求在跨越心理障碍后，所获得的愉悦感和成就感。

12. 人与人在心态上的小差异，很可能造成生活上的巨大差异。小差异就是心态的好坏，大差异就是事情的成败。一个人的心态，特别是关键时刻的心态，是积极还是消极，直接关系着事业的成功与失败。

13. 上午 11 点至下午 2 点是植物的午睡时间。这时，植物叶子的气孔关闭，光合作用明显减弱。午睡其实是植物在长期进化过程中形成的一种抗干旱的本领。它们这样做可以减少水分流失，以便在恶劣条件下生存。

14. 八大处公园位于北京市西郊西山风景区南麓，是一座历史悠久、盛名远播、风水宜人的山地佛教寺庙园林。这里山势不高不低，冬季山暖风和，夏季凉爽宜人。因此成为了人们登山健身的首选之地。

15. 只有偏执狂才能成功，说的正是专注精神，多数人很难经受住诱惑。于是，今天选择这个，明天选择那个。结果到头来什么都没做成，白白浪费了时间和精力。所以，如果你找到了值得做的事情，就专注地做下去吧。

第 二 部 分

第16到30题，请选出正确答案。现在开始第16到20题：

第16到20题是根据下面一段采访：

女：商业摄影的范围很广，对于你个人而言，更偏爱哪种呈现方式？

男：应该是人像摄影吧。因为除了用光构图之外要关注的东西很多，要与被摄者沟通、捕捉表情神态，还要考虑人物和环境的融合等很多元素。当然，这样拍出一张好片，带来的满足感也更大。

女：通过摄影作品向观众传达你的认知，是你的追求吗？

男：虽然我为每幅照片都写了相应的故事，但我并不希望引导人们按照一种定式来欣赏我的作品。每个人对这些照片和故事，都有他们自己独一无二的解读。我不会告诉他们我的本意是什么，我所能做的就是用零散的信息创造一个宽广的想象空间。至于怎么想，那是观众的自由。

女：你喜欢用数码还是胶片？

男：摄影人比较讲究效率，用胶片会降低效率，影响交流。胶片拍完就这一张，而且还特别小，要用放大镜看，数码就不一样了，拍完后放在电脑上一看，哪里有不足就可以马上改进。

女：因为你的成功，很多人在风格手法上也在向你靠近、效仿你。对此，你怎么看？

男：我觉得挺好的，一个人做得好，有人向他学习，并且在学习中慢慢找到自己的风格，这是一件好事。

女：你能分享一下自己的成功秘诀吗？

男：对我来说技术方面其实是相对简单的，关键是观念。不是说用特别好的相机就能拍出特别好的照片来，创意才是最重要的。所以，我以它为重点，从拍照到后期的修图都亲力亲为。另外，要打造属于自己的风格。这种风格没办法定义，做自己喜欢的就好。当然，要成为真正的摄影师，精力不能只放在拍摄上面，还要研究很多东西。比如：音乐、色彩、绘画等。研究喜欢的东西越多，知识也就越丰富，对你拍摄的帮助就会越大。

16. 男的为什么偏爱人像摄影？

17. 男的认为胶片有什么缺点？

18. 对于别人效仿自己，男的怎么看？

19. 男的认为成为优秀摄影师的关键是什么？

20. 关于男的，下列哪项正确？

第21到25题是根据下面一段采访：

女：您的谈话中常常提到临摹，您是不是认为临摹非常重要？

男：临摹是绘画的基础。有了基础，笔墨才有灵性，才有情调和韵味。所以说学画必须从临摹开始。有了扎实的基础，才能在绘画上有所发展。

女：画作是为了表现画家心境而创作的，您的画作想要表达一种什么样的心境呢？

男：画家的任何一幅画儿都是有感而发。可能是一首诗，也有可能是一处风景或是一段乐曲。每幅画儿所表达的感情都不同，所以画面构图、章法及笔墨情趣都不同。

女：您创作的灵感从哪里来？

男：艺术家的感情是丰富的，思维是游离、跳跃的。一句话、一件事、一本书都可能打动他们。但是这种有感而发创作的，都是一些小作品。一幅大的、好的作品，不仅需要情感的撞击，而且需要长时间的酝酿、构图和布局。

女：国画与西方绘画有什么不同？

男：西方绘画讲究直观、写实，而国画讲究写神、写意。写神——是画家对事物的感悟。每一幅画儿都会带给你不同的感觉。观赏一幅画儿，你会觉得很美，心情舒畅。但又无法用准确的语言表达出来。它给你的触动，给你的感悟，只能意会不能言传。这就是国画的生命力所在，也是国画传神的真谛。

女：您的画风与您的性格有什么关系吗？

男：每一笔都与性格有关，很微妙。单拿一根线来讲，性格直爽、豪放、豁达的人画出来的线，与含蓄的人画出来的线不一样，画面也不同。含蓄的人画的画儿曲径通幽，画面也含蓄。而我性格豪爽，画出的画儿也是痛快淋漓。总之，画作都有性格的表现。正如古人所讲的，画如其人。

女：您画山水画除了勤练技法，其他方面还下了什么工夫？

男：不管你画多大的画儿，到了多一笔不行，少一笔更不行这种境界，才是真好。去俗气、求骨气、气节高、废笔就少。画外的东西很重要，所以要修身养性。心境高了，画境自然就高了。

女：接下来，您有什么创作计划？

男：我想到四川看看巴山蜀水，创作一幅大画儿。我想身临其境去寻找那种灵感和感动，画出气势磅礴的作品。

21. 男的怎样看待临摹？

22. 男的认为国画有什么特点？

23. 男的觉得画风会受什么影响？

24. 要提高画技，应该怎么做？

25. 关于男的，下列哪项正确？

第26到30题是根据下面一段采访：

女：你是什么时候想成为家具设计师和制造商的？

男：很小的时候。那时，我经常照着家具的样子，做一些小东西。11岁的时候，我就去拜访家具制造商。他们的工作给我留下了深刻的印象。长大后，我开始规划我的未来，渴望有一个自己的生产车间。

女：你是如何构思你的家具作品的？

男：我大部分的工作都是受客户委托的，根据客户的需要进行创作。这是激发我创意灵感的源泉。另外，如何让家具更契合人的内心感受，也是我所考虑的内容。

女：整个创作过程，哪个环节最让你兴奋？

男：整个创作过程都很精彩，从客户、手工业者到供应商，从研究设计开发、制作、展示到运行等。每个阶段都有不同的需求和品质要求。这是多方面因素相结合的产物。要说最让我兴奋的，应该是设计和工艺吧。因为，这是会持续增值的部分。

女：你如何选择家具材料呢？

男：我一般会选择普通树木来做家具。比如：水曲柳、榉木、冬青树和桑树等，当然也包括一些巨大的橡木。另外，我会根据客户的需要，家具的类型综合考虑。比如弯曲的大红豆杉，就是制作床的天然材料。

女：原木放多久后，才可以用于制作家具呢？

男：首先，要将原木摆放几天，等木材中的水分蒸发到与周围的水汽平衡为止。这样可以实现，木材与清新空气之间的循环。然后，我们会通过人工烘干的方式让它进一步干燥。以确保木材性能的稳定。同时，通过控制窑内湿度和温度，达到去除异味儿的效果。几周后，原木就成为绿色、干燥的可用之材了。

女：木材短缺的问题，你怎么看？

男：这涉及到可持续发展的问题。可持续发展要求我们提高设计水平、改进材料种类，这也意味着要采用更有效的制作方法。否则，这个问题不会得到根本解决。

26. 男的根据什么来构思家具作品？

27. 在制作过程中，男的更看重哪个环节？

28. 选择家具材料应考虑什么？

29. 为什么要人工烘干原木？

30. 关于男的，下列哪项正确？

第 三 部 分

第31到33题是根据下面一段话：

　　世界上没有独立长高长大的红杉，它们必定是一大片连在一起生长的。根紧密相连，一株接着一株。除非飓风强到足以将整块儿地掀起，否则没有任何自然力量可以撼动它们。红杉的浅根正是它们长得如此高大的奥秘所在。根浮于地表，便于它们快速地吸收大量的水分，从而迅速地成长壮大。同时，这样也节省了扎深根所需的能量。使红杉可以积聚更多的能量向上生长。红杉给了我们一个很好的启示：成功不能只靠自己，也需要依靠他人。如果你还不够强大，不妨伸出你学习的根，与成功者紧密连接，吸取他们的经验，让自己迅速成长。最终，你会像红杉林那样，创造出不可动摇的伟业。

31.　关于红杉，下列哪项正确？

32.　浅根对红杉来说，有什么作用？

33.　这段话，想告诉我们什么？

第34到37题是根据下面一段话：

　　经济学中有一个最基本的常识，如果一种商品加量50%却不加价，它相当于降了33%的价。对此，经济学家曾做过一项实验：他将同一种饮料，一半儿加量50%出售，而另一半降价33%出售。结果前者的销量明显好于后者，这是为什么呢？原来只因为前者的数字比较大。很多消费者认为50明显比33多，所以肯定是前者划算，但其实这根本就是一回事，经济学家将此称为增数盲点。这个盲点几乎人人都有，他不但说明人们盲目地相信数字越大优惠越多，还暗示了一个常被人们忽视了的问题，人们不喜欢计算，大部分人嫌麻烦，不愿意去计算，结果被表面数字误导。其实，小至买东西，大至人生大事，我们都应该谨慎一些，学会计算，这样才能让我们获益更多。

34.　关于那项实验，可以知道什么？

35.　根据这段话，人们盲目相信什么？

36.　这段话主要想告诉我们什么?

37.　根据这段话，下列哪项正确?

第38到40题是根据下面一段话:

　　在中国广袤的沙漠上，生活着这样一种植物——梭梭。它们是中国荒漠区最重要的植被类型。被誉为"沙漠卫士"。作为灌木植物，梭梭的外形并不出众，一般只有三四米高。可是，它们却能在恶劣的沙漠环境中生存下来，给沙漠带来生机和活力，成为沙漠独特的景观，也成为了沙漠中最优良的防风固沙植被。当然，梭梭的成功并非侥幸。它们的秘诀就在于，无与伦比的生长速度。研究发现，梭梭的种子是世界上发芽最快的种子。只要有雨水，它们的种子便能在短短的两三个小时之内萌发出新的生命。这么快的成长速度，不能不令人吃惊。面对恶劣的自然环境，它们从来不观望，不犹豫。其实，细想一下，我们追求成功又何尝不应当如此呢? 人的一生中没有机遇会为我们停留，如果缺乏当机立断的决心，那就只能坐看它溜走。所以，要想成功，我们就要及时抓住机遇，不断进取，不停拼搏。

38.　梭梭能在恶劣环境下生存的原因是什么?

39.　关于梭梭，可以知道什么?

40.　这段话，主要想告诉我们什么?

第41到43题是根据下面一段话:

　　对称，能给人以整齐、沉静和稳重的美感。但也因此缺少了灵动，显得变化少，不自由。事实上，自然界中没有完全对称的物质。仔细观察叶子的细微结构，你会发现叶子左右两边叶脉的数量、分布以及叶缘锯齿的数目都是不同的。人也一样，绝大多数人的面部和四肢也不完全对称。59%的人右半脸比较大，而75%的人右侧上肢较左侧的长。另外，人两手的掌纹脉络也是不同的。可以说，自然界的不对称是绝对的，而对称则是相对的。这是由细胞内原生质的不对称性引起的。研究发现，不对称原生质的新陈代谢比左右结构相同的化学物至少要快三倍。由此可见，不对称性对生命的进化有着十分重要的意义。

41.　对称给人的感觉是什么?

42.　说话人举叶脉和掌纹的例子是为了说明什么?

43.　出现不对称现象的原因是什么?

第44到47题是根据下面一段话:

　　　　足球，作为最具影响力的体育运动之一，深受人们的喜爱。复杂多变的战术组合，娴熟高超的个人技术，总能让人兴奋不已。特别是互罚点球，决定胜负的紧张场面，更是令人难忘。其实，罚点球里面还有不少科学道理呢。在理论上，点球是扑不到的。据测试和分析，球从罚球点踢出到越过球门线所需的时间，仅为0.2至0.4秒。而守门员从看准球来的方向到做出扑球动作，最少也要0.4秒。所以，他们根本不能等到看清球来的方向再做出反应。只能在罚球运动员提脚时，向着预感的方向扑过去。这样才有扑到点球的希望。知道了这一点，你就会明白，为什么常常看到点球飞进球门的这边，而守门员却扑向另一边的情况了。他们并非看错了方向，只是实际来球的方向和他们预想的不一致罢了。那为什么还会有一定比例的点球被扑到了呢? 这些偶然中也包含着某些必然因素。例如，罚球的运动员经过长时间的激烈对抗后，体力消耗已达到极点。此外，胜败在此一脚。球员难免会承受巨大的压力，发挥失常也有可能。再加上，不少运动员罚点球时，都会采用让球贴着地面滚进球门的踢法，很容易被老练的守门员抓住规律。所以，点球被扑到的几率也就提高了。

44.　关于足球运动，可以知道什么?

45.　为什么从理论上来讲，点球是扑不到的?

46.　守门员根据什么来确定扑球方向?

47.　关于罚点球的运动员，下列哪项正确?

第48到50题是根据下面一段话：

拔河，是一项简单的体育运动。比赛时，人数相同的两方，各执绳子的一端，同时用力向自己一方拉绳。哪方能将对方拉过中间的界限，哪方就获胜。一开始，双方都会相持一段时间，但是时间长了，便会有一方坚持不下去，并最终输掉比赛。从表面上看，拔河是力量的对抗。但从本质上讲，则是意志与信念的较量。一般来说，双方人数相同，力量不会相差太大，可以说是势均力敌。所以，在这种情况下，力量的重要性就退居其次。关键是看大家是否齐心协力。是否能坚持到最后一秒钟。其实不只是拔河，人生也是如此。谁能坚持到最后，谁就能赢得最后的胜利。从这个意义上来说，坚持就是胜利。但是，坚持就是胜利是有相对性的。因为，只有坚持了正确的事情，坚持才会和胜利画上等号。否则，就会是另一种结果。

48. 拔河获胜的关键是什么？

49. 为什么说"坚持就是胜利"是有相对性的？

50. 根据这段话，下列哪项正确？

听力考试现在结束。

〈제3회〉 녹음 스크립트

(音乐，30秒，渐弱)

大家好! 欢迎参加HSK(六级)考试。

大家好! 欢迎参加HSK(六级)考试。

大家好! 欢迎参加HSK(六级)考试。

HSK(六级)听力考试分三部分，共50题。

请大家注意，听力考试现在开始。

第 一 部 分

第1到15题，请选出与所听内容一致的一项。现在开始第1题：

1. 老友粉是广西南宁代表小吃之一。与柳州的螺蛳粉、桂林的桂林米粉，并称为广西的"三大米粉"。老友粉口味独特，它将酸、辣、咸、香几种味道，巧妙地结合在一起，夏天吃了开胃，冬天吃了驱寒。

2. 风雨草，因能预报风雨而得名。每当风雨来临时，它便迅速开花，任凭风吹雨打，依然亭亭玉立。而且风雨过后，它的花开得越发鲜艳，好像只有经过风雨的洗礼，才能显露其本色。

3. 有位著名的作家曾经说过，书是人类进步的阶梯。书可以让你感到浑身充满力量，激励你不断前进、不断成长。从书中，你可以发现自己的缺点。从而不断改正，调整前进的方向。

4. 有位天文学家，每天晚上都会观察夜空。一天，他边走边看天上的星星。没有注意到脚下，不小心掉进了一口井里。救起他的人说："你用心观察天上，却没认真留意地上。要先做好普通的事，才能做高深的事情啊。"

5. 成语背水一战中"背"的意思是背向，"水"指江、河、湖、海。"背水"即指背后是水，没有退路。这个成语指在不利的情况下，跟敌人进行决战。比喻面临绝境，为求得出路而做最后一次努力。

6. 学知识不一定长本事。但是，想要长本事，就必须学知识。不要把改变命运的希望寄托在某个偶然的巧合上。只有丰厚的积淀才能让你迸发出强劲的力量。

7. 有位名人曾经说过：让人沮丧的往往并不是事实，而是比较。总是和别人比较，会让你变得牢骚满腹。其实，与其羡慕别人，不如好好儿珍惜自己现在所拥有的。

8. 鲨鱼最怕橙黄色，它们一见到这种颜色，就会掉头逃走。因此，人们根据鲨鱼的这一特点，把救生圈、救生衣的颜色设计为橙黄色。此外，橙黄色特别鲜艳。发生意外的时候，能使救生队较快地发现目标，及时进行抢救。

9. 五指山市是海南岛海拔最高的城市。周围群山环抱，森林茂密。因为该地区气候独特，既不受寒潮侵袭，也不易受台风影响。所以，生物种类繁多。山清水秀、四季如春，有天然别墅之称。

10. 俗话说，十月萝卜，小人参。这句话形象地说明了，秋天吃萝卜对人体有补益作用。萝卜中含有促进新陈代谢的成分，可以解油腻、促消化。而且它还是清热降火的好帮手。特别适宜在干燥的秋季食用。

11. 汽车的前挡风玻璃是一种夹层玻璃。这种玻璃透光率高，可以让司机清楚地看到车外的情况。另外，夹层玻璃还能令照进车里的光线更加柔和，从而有效地缓解司机的视觉疲劳，增强驾驶的安全性。

12. 很多家长认为，只要让孩子掌握一种乐器或一种技能，就等于开发了他们的智力。实际上，真正的智力开发是开阔孩子的视野。鼓励孩子多接触自然、多探索和思考，让他们在这一过程中学习知识，锻炼能力。

13. 研究表明，当人们情绪波动大时，常常不容易对外界刺激做出反应。也就是说，当一个人情绪非常激动时，别人说什么，他都听不进去。只有等他心情平静下来之后，他才可能冷静地思考别人说过的话。

14. 梅里雪山位于云南省迪庆藏族自治州境内，是云南著名的旅游胜地。每年的 10 月到次年的 5 月，这里天气晴朗，能见度高。人们常能看到高耸的主峰。于是，这段时间也是观赏梅里雪山的最佳时间。

15. 人们普遍认为，新飞机的设计更加先进，因此其安全性肯定也更高。其实，飞机安全性的高低，不在于机型的新旧和机龄的长短，而在于飞机的保养。只要保养得当，工作 30 年的飞机，照样能安全飞行。

第 二 部 分

第16到30题，请选出正确答案。现在开始第16到20题：

第16到20题是根据下面一段采访：

女：很多人做培训只做一个领域，而您涉猎这么多，并且都成功了，您是如何做到的？

男：其实并不是都成功的，也有失败的时候。我觉得我的成功在于，面对挑战时，懂得要怎么去克服它。人生当中，需要有挑战来磨炼自己的毅力、精神，来面对以后的困难。在面对一件事情的时候，怎么样让自己做好，我觉得这需要热情、坚持。你的焦点、热情在哪里，那么结果就在哪里。

女：您的培训课气氛很有感染力，这是所有培训师都需要具有的能力吗？您被称为"心灵鬼才"，这是天生的？还是后天努力的？

男：其实在演讲或者培训现场，我个人并没有特意渲染什么。而是用自己最大的热情和大家分享我的经历，而不是掌控整个现场。我觉得这是最好的气氛，不需要去刻意渲染。因为刻意去做某件事情，会让人觉得很虚假。至于如何成为心灵鬼才，我觉得兴趣很重要。如果一个人对人的内心活动感兴趣的话，我相信，这个人可以成为一个很棒的老师。当然，真正成为一位很棒的老师，还需要不断积累经验。我并不认为这是天生注定的。因为如果没有后天的努力，那么先天条件再好，也不能成功。

女：您觉得做好培训的先决条件是什么？

男：我觉得最重要的还是兴趣。同时，还要有助人为乐的心态。有一句话，我觉得讲得很好。那就是：帮助别人，提升自己，共创辉煌。

女：在交流的过程中，我能感觉得到，您的口才非常不错。能和我们谈谈，怎样才能拥有好口才吗？

男：首先，是要做一个好的聆听者。第二，用自己的真心去和别人分享，而不是教导别人。第三，把受众当成朋友，这样就不会说废话或者语无伦次了。

16. 男的怎样看待挑战？

17. 男的是如何控制培训课堂气氛的？

18. 做好培训的先决条件是什么？

19. 要想拥有好口才，应该怎么做？

20. 关于男的，下列哪项正确？

第21到25题是根据下面一段采访：

女：您的父亲是当代著名画家及美术教育家，他对您的影响很深吧？

男：可以说没有我父亲，我是不会画画儿的。每次我画画儿时，他总会时不时走过来，指出我哪里画得不行。然后，亲自画给我看。父亲对我的另一个影响，就是他收藏了很多画册。尤其是山水画，画面呈现出来的那种咫尺天涯的感觉，特别开阔，特别有气势。我当时就想，我要是画画儿，就得画山水。我后来学习山水画儿，就是受父亲这些画册的影响。

女：您师承多位山水画家，他们对您有什么影响？

男：我觉得这几位老先生，对我影响最大的就是他们对事业兢兢业业的精神。我认为，要画好画儿，青年画家必备的品质就是要敬业。我觉得我喜欢画画儿以及我艺术风格的养成，都是受家庭和老师们的影响。

女：您对绘画的执着，让我们敬佩。那么，您对今后的艺术道路有什么规划呢？

男：我没什么特别具体的规划。不过，我画画儿这么多年，到现在我一直有一个观点，那就是——活着就得创新。要有新的想法，无论多大岁数，在艺术上都要有追求。应该试着变一种风格，与前半辈子画得不太一样。所以，我现在画画儿对自己有两个要求：一是，往大感觉上画；二是，往简单上画。

女：您曾出版过《写意山水画技法》一书，能和我们谈谈这本书的主要内容吗？

男：这是好多年前的一本书。书的内容主要是介绍我自己怎么画山、水、石和树的。

女：画山水画离不开写生，您如今已经七十五岁高龄了，还在坚持写生吗？

男：写生应该贯穿山水画家的一生。我特别注重写生。清静自然是山水画的特点，真正的老师就是大自然。但是，不能画得跟自然景物一模一样。画家得思考自己看完以后的感受，然后再画出来。这才叫中国画的写生。我建议大家，无论是不是要写生，都要多出去走走。尤其到大山里，空气清新，四顾茫茫。只有自己一个人独行，那种感觉和心情会激发出很多的创作灵感。

21. 男的学画画儿是受谁的影响？

22. 从几位山水画家身上，男的学到了什么？

23. 在画画儿上，男的一直以来的观点是什么？

24. 男的认为，山水画的特点是什么？

25. 关于男的，可以知道什么？

第26到30题是根据下面一段采访：

女：您是如何与建筑设计结缘的？

男：上大学时，我念的是建筑系。不过毕业后，我一直从事教师职业。直到有一次，参加了一个美术馆的设计方案竞赛，并最后胜出。才算是真正走上了建筑设计这条道路。

女：您既从事建筑设计，又从事绘画和写作。您是如何协调三者关系的？

男：对我而言，写作、绘画和设计师是创作的不同部分。我大学毕业后，一边教书一边设计。这让我有机会系统地整理我的建筑观。起初，我总找不到自己的定位。所以，我在学校做了大量关于建筑哲学的讲座和写作。想借此找到自己在建筑上的发展方向和表达方式。而画画儿是一种开放自由的思考方式。有时，我在思考一个设计方案时，也会让助手试着画一些实验方案。我觉得这样开始一项工作很有启发性，很有趣也很轻松。

女：您认为建筑的本质是什么？

男：我认为建筑应该在基地上自然生长，跟基地不可分割，共同构成人们体验的场所。我在自己的第一本书里，就曾描述过这一看法。

女：大家都说，您是一位能让光线跳舞的建筑师。您认为在建筑中，光线起到怎样的作用？

男：在我看来，光线对空间的意义，好比声音对音乐的意义。一段音乐要先有音符、旋律，然后由声音赋予它生命。建筑也是这样。每一个建筑，在建设它之前，我都先形成空间概念。近景和远景的融合，以及建筑和周围环境、风景的融合。然后，用光线赋予建筑生命。否则，一切都没有意义。

女：很多人觉得您的建筑风格比较反传统，说您是不按常规出牌的建筑师。对此，您怎么看？

男：建筑是一个展现创造力的行业。作为建筑师，完全没必要按常规出牌。否则，便无法体现出他作为一门艺术的真正特质。

女：身为一位成功的建筑大师，您对建筑系的学生们有什么建议？

男：很简单，就是必须有梦想，同时也要保持个性。

26. 男的真正与建筑结缘是什么时候？

27. 男的怎样看待绘画？

28. 男的曾在自己的第一本书中，谈到了什么？

29. 男的认为，光线对建筑有什么作用？

30. 根据对话，下列哪项正确？

第 三 部 分

第31到33题是根据下面一段话：

　　大自然中除了太阳、树的年轮和夜晚的星辰外，风也是我们辨别方向的好帮手，但前提是你必须熟悉当地的盛行风向。以沙漠地区为例，风是塑造沙漠地表形态的重要因素。在单风向地区，沙丘和沙垄的迎风面坡度较小，背风面坡度较大。中国西北地区由于盛行西北风，沙丘的走向一般为西北至东南。沙丘西北面坡比较缓，砂质较硬；东南面坡比较陡，砂质松软。另外，在西北风的作用下，该地区的植物，如红柳、酥油草等通常都向东南方向倾斜。

31.　通过风来判断方向的前提是什么？

32.　单风向地区处于迎风面的沙丘有什么特征？

33.　关于中国西北地区的植物，下列哪项正确？

第34到37题是根据下面一段话：

　　目前，越来越多的职场人士，把上夜班当成一种正常的生活方式。他们长期熬夜，再利用周末或节假日集中补觉。这种像骆驼一样，吃喝一次熬几天的作息方式，被称为骆驼式睡眠。有些人是主动奉行长昼长夜的睡眠方式。沉溺于丰富多彩、繁华热闹的夜生活，无法自拔。有些人却是不得不熬夜；或是因为工作强度大，必须熬夜加班完成任务；或是因为职业的关系，要处理一些紧急事件，如：警察、医生等。专家指出，骆驼式睡眠其实是对心理疲劳的安慰，它并不能达到补觉的目的。因为，在骆驼式睡眠阶段，大脑神经元的活动与清醒时的基本相同。骆驼式的睡眠并不能真正补偿优质的深睡眠。相反，它会打乱人体生物钟，造成睡眠节律紊乱。

34.　骆驼式睡眠人群的特点是什么？

35.　人们选择骆驼式睡眠的原因，下列哪项没提到？

36.　专家怎么看骆驼式睡眠？

37.　骆驼式睡眠对人有什么影响？

第38到40题是根据下面一段话：

　　一直以来，人们都认为，酒量是练出来的。而一项最新的研究表明，人酒量的大小以及有无酒瘾绝非后天养成，而是由饮酒基因决定的。研究者发现，十五号染色体上部分基因与喝醉程度紧密相关。这组基因在经过复杂的变化后，会影响人对酒精的反应。但这种饮酒基因，究竟能起多大作用，还未能确定。或许将来，饮酒基因能为科学家研制戒酒药物提供新的思路，帮助人们戒酒。尽管酒量不能练出来，但喝酒之前多吃高脂肪食物，多喝水或酸奶，也能让人阵前不倒。这是因为饮酒前多吃，不仅有利于延缓肠胃对酒精的吸收，还能使大部分酒精与食物混合，降低单位体积消化物中的酒精浓度。这样，血液中的酒精含量虽已经让人微醺，但还不足以让人醉倒。

38.　最新研究推翻了什么说法？

39.　破解饮酒基因，对未来有什么帮助？

40.　为什么饮酒前多吃，不容易醉倒？

第41到43题是根据下面一段话：

　　一项最新的研究表明，笑可以提高人的记忆力。研究者指出，当人们大笑时，他们会更容易记住一些事情。因为压力是引起记忆力下降的重要原因，而笑恰恰能缓解压力。对此，研究者做了一个实验。他们把40名健康的成年人，平均分为两组，要求第一组观看一部时长二十分钟的有趣视频，而仅要求第二组静坐。随后，研究者提取了这两组人的唾液样本，来分析压力激素的含量，并对他们进行了记忆力测试。结果表明，相比于第二组，第一组人唾液中压力激素的含量要低得多，在记忆测试中的表现也更好。所以，不想健忘的话，就多笑笑吧。

41.　根据这段话，导致记忆力下降的重要原因是什么？

42.　研究者对被试者的什么进行了分析？

43.　根据这段话，下列哪项正确？

第44到47题是根据下面一段话：

有一种爬行动物，它能够根据周围环境来改变皮肤颜色。人们形象地称它为变色龙。变色龙之所以能变色，是因为它的真皮内有多种色素细胞。当它伸缩身体时，这些色素细胞就会发生变化，从而产生出不同颜色。有科学家曾仿照变色龙变色的原理，研制出一种服装面料。这种面料可以根据温度情况，变换色彩。如：在28度时，会呈红色；在33度时，又呈黄色。人在行走时，由于速度和方向的改变，身体各部位的体温会略有不同。因此这种面料就会随之变幻出彩虹般迷人的色彩。现在，变色材料的用途越来越广，例如：有一种茶杯，当茶水温度适宜时，茶杯表面就会浮现出一行文字，请您用茶。原来这种茶杯外面涂有感温变色材料。一旦水温到达适合饮茶的温度，它就会显现出鲜艳醒目的标语，来提示人们用茶。

44. 变色龙变色跟什么有关？

45. 那种服装面料在28度时，会呈现什么颜色？

46. 人在行走时，衣服变幻出多种色彩的原因是什么？

47. 茶杯表面涂感温材料，可以起到什么作用？

第48到50题是根据下面一段话：

　　　　人体所具有的生物能，可以通过多种形式转化成电能。比如，当一个人坐着或者站立时，会产生持续的重力能。如果采用特制的重力转换器，把重力能转化成电能，就可以存入蓄电池或者直接利用。有一位工程师曾将一种发电装置放在人流量较大的商场和火车站等处的地毯下，当行人从地毯上走过时，与地毯下踏板相连的摇杆儿就会被不停地压下，使发电装置的中心轴持续旋转，从而带动发电机发电。将人体热能收集起来，然后转化成电能，也是一条经济实用的发电途径。有一所大学设计了一个热量收集系统。这系统可以将学生和教师释放的热能，以及电灯和阳光所产生的热量等，统统聚集到一个中央设备中。据说该系统收集的热量，可以在寒冷的冬季，供学校的10座大楼取暖。科学家认为，人体生物能，无污染且收集转化并不复杂。既能现收现用，也能零存整取，如能被充分地利用起来，无疑会为人类做出极大的贡献。

48.　工程师为什么选择将发电装置放在商场和火车站？

49.　那所大学的热量收集系统，可以被用于哪方面？

50.　人体生物能，有什么特点？

听力考试现在结束。

⟨제4회⟩ 녹음 스크립트

（音乐，30秒，渐弱）

大家好! 欢迎参加 HSK(六级)考试。
大家好! 欢迎参加 HSK(六级)考试。
大家好! 欢迎参加 HSK(六级)考试。

HSK(六级)听力考试分三部分，共50题。
请大家注意，听力考试现在开始。

第 一 部 分

第1到15题，请选出与所听内容一致的一项。现在开始第1题：

1. 砖塔胡同位于北京西四牌楼附近。它的名字源于该胡同中的一座青砖古塔。砖塔胡同是北京历史最悠久的胡同之一，被人们称为"北京胡同儿的根"。

2. 一个在厄运面前不绝望的人，注定是一个永远不会被生活打垮的人。事实上，人生的许多失败并不是败给了强大的对手，也不是败给了恶劣的环境，而是败给了悲观的自己。

3. 说到家电辐射，我们通常会想到电脑、微波炉，而往往会忽视体积较小的电吹风。其实，它才是辐射大王。因电吹风辐射源离头部较近，很容易使人头晕乏力，所以使用时，应尽量远离头部，也不要连续长时间使用。

4. 一位女演员上台领奖时，不小心被自己的长裙绊倒了。面对直播镜头，她笑着说："为了实现梦想，这一路我走得非常艰辛，有时甚至还会摔跤。"她的话赢得了全场热烈的掌声。同时，也巧妙地化解了意外摔倒的尴尬。

5. 格桑花是一种生长在高原地区的花朵。它看似弱不禁风，实则生命力顽强。风愈狂，它身愈挺；雨愈大，它叶愈翠。在藏语中，格桑是幸福的意思。寄托了藏族人对幸福、吉祥等美好生活的追求。

6. 夏天喜欢吃冰激凌的人，要警惕冰激凌头痛症。当人快速进食冷冻食品时，头部的肌肉和血管就会收缩，因而就会引起头痛。头痛发作时，可用手进行局部按摩，这样可以缓解收缩，减轻疼痛。

7. 高压锅特有的密封圈能在加热时，牢牢地锁住锅内的蒸汽，使锅内的压力增大。这样锅内的温度便能提高到108度左右。所以用高压锅做饭不但省时省力，还能节约燃料。

8. 在现代跑步比赛中，凡超过200米的项目，运动员都会沿着逆时针方向跑。这是因为人的左腿是支撑腿，沿着逆时针方向跑，重心便会落在左腿上。这样有利于保护运动员的心脏，保证他们能正常发挥。

9. 两个性格都很强势的人也许可以一起合作。但观念上的摩擦很难避免，一旦争执起来很容易伤和气。反之，性格互补的两个人往往会相处得比较融洽，合作起来也会比较顺利。

10. 蜂蜜是一种营养丰富的天然滋养食品，也是人们日常生活中接触最多的保健品之一。它不仅可以美容养颜，让肌肤变得细腻白皙，还可以预防神经衰弱，帮助人们保持身体健康。

11. 人们常说，下雪不冷，化雪冷。这是因为水汽在凝结成雪花的过程中会释放热量，所以下雪时人们并不会感觉太冷。而雪融化时，需要从空气中吸收热量，这样会导致气温下降，因此，人们才会有寒冷的感觉。

12. 《茉莉花》是一首广为传唱的中国民歌，主要流传于江浙一带。这首歌反映了青年男女之间纯真的爱情，旋律优美动听，曾被用在外国歌剧《图兰朵》中，为该歌剧增添了一抹东方的音乐色彩。

13. 家训——是家族成员必须遵守的道德标准。在中国历史上，家训对个人的修身、齐家有着极其重要的作用。古人非常重视家训，至今，我们所熟知的家训有：颜氏家训、朱子家训、曾国藩家训等等。

14. 健走是一种介于散步和竞走之间的运动方式。它通过大步向前、快速行走，来提高肢体的平衡性。而且，健走不受年龄、性别、体力等方面的限制。属于低投入、高产出的有氧健身运动。

15. 明清时期的红木家具，在中国家具史上的地位举足轻重，尤其是明式家具。设计者大多都是文化造诣较高文人雅士，受这些人的影响，明式家具气质典雅，艺术风格极具独特。

第 二 部 分

第16到30题，请选出正确答案。现在开始第16到20题：

第16到20题是根据下面一段采访：

女：您是省电视台的一名老记者了，拿过不少奖项，很多报道也被人津津乐道。不过，有消息说，您明年就会离开电视镜头，这是真的吗？

男：对，我会离开电视镜头而转向幕后。把更多地机会让给年轻人，让给比我更有创造力的人来做。

女：您所说的转向幕后，是指做什么工作？

男：我还会继续与记者这个行当打交道。但是，不会再去现场做新闻报道了。我会做新人培训和节目监制的工作。最近，我已经开始这方面的工作了。

女：您宝贵的采访经验，肯定会为新人带来很多启发，让他们少走弯路。能给我们讲讲，您是如何培训新记者的吗？

男：我个人认为记者的工作开始于前期的资料准备。而不是等你到了现场，拿起了话筒，才代表了工作的开始。记者应该善于研究分析资料，并以此为据，写出采访提纲。只有这样，才能保证采访的顺利展开。

女：但很多时候，提前拿到的资料非常有限，这怎么办？

男：你说的这种情况，是新记者所面临的最大挑战。应变能力应该是衡量一个记者是否能够独立外出采访的重要指标。在充分做好前期准备的前提下，要学会应变，根据当时的情境，适当地改变自己的采访思路。采访提纲应该是一条粗略的线，而不是精确的图表。

女：您觉得新记者最容易犯什么错？

男：新记者刚刚上岗时，往往会在一些细节问题上浪费大量的时间。采访对象都快走了，还没问到关键问题上，这是缺乏引导力的表现。我并不是说细节问题不重要，细节往往能揭露事件的真相。但一个事件有很多细节，记者如何在短短的一两分钟内，抓住最关键的那个，就需要有足够的洞察力。其实，如果前期工作做得好，你肯定会感觉出哪个问题才是关键问题。只要尽量把这个关键问题，放在第一个或者第二个提问中问出来就行了。

16.　下列哪项是男的现在的工作内容？

17.　男的觉得要想采访顺利，应该怎么做？

18.　男的认为，记者独立采访的前提是什么？

19.　新记者存在哪方面的不足？

20.　根据对话，可以知道什么？

第21到25题是根据下面一段采访：

女：各位观众朋友，大家好！今天我们非常荣幸地邀请到了我们的老朋友，《三联生活周刊》的主编——朱伟先生，做客直播间。朱先生，您好！

男：主持人好！大家好！

女：很多朋友看到您写的节气、古典音乐等，也慢慢爱上了中国的传统文化。这是不是您做这些的初衷？知道大家有这样的改变之后，您是不是也觉得挺欣慰的？

男：我想这也不全是我的功劳。现在，越来越多的人开始觉得中国的传统文化中还是有很多有意思的东西。他们开始去试着了解它，节气只是一个特别小的窗口而已。中国的传统文化太博大精深了！

女：您说得对！另外，很多朋友也想听听您自己对《三联生活周刊》的看法。有人说，它算是小众杂志。您怎么看？

男：我们的杂志在这一类型的杂志里发行量最大，不能说是小众。只不过书中有些东西，读者会觉得理解起来有些吃力而已。比如，我们的一些文章比较长，看起来就会比较累。

女：有没有想过，针对这些读者的反映，对杂志做出一定的调整呢？

男：我有一个看法不一定对，这个可以讨论。我认为，不同的媒体在扮演不同的角色。就像我们的杂志扮演的角色和别的杂志也不一样。《三联生活周刊》已经形成了一种类型，并吸引了一批读者，这批读者是它的拥护者。另外，正因为现在只是传播越来越方便，信息越来越简洁，我们更需要提高门槛。至于你说的调整，我们可能会在我们的新媒体上面来解决。新媒体受众才不同，它可能会稍微通俗一些。

女：您从95年进入《三联生活周刊》到现在已经有近二十个年头了。您一路走来，最大的感触是什么？

男：很辛苦，但也很有成就感。一本杂志一周出一期，然后要让它的质量不断地提高、读者不断增多，是一件很不容易的事情。而且，读者本身也在成长，他们对杂志的要求会越来越高。所以，就必须得不断地提高自己。但是当看到自己做的杂志在不断成长和壮大，还是很有成就感的。

21.　男的认为《三联生活周刊》不是小众杂志的原因是什么？

22.　关于《三联生活周刊》，下列哪项正确？

23.　男的为什么不想对杂志做出调整？

24.　对于做杂志，男的最大的感触是什么？

25.　根据对话，下列哪项正确？

第26到30题是根据下面一段采访：

女：现在的年轻人都是伴随着网络成长起来的，很少有看纸质书的习惯。您是怎样看待网络阅读的呢？您觉得现在的年轻人应该怎么去阅读？

男：我觉得需要花更多的时间来读纸质书，网络的阅读是浅表性的，快餐式的阅读，收获不大。你如果真想在阅读中有所收获的话，恐怕还是读传统出版物好一些。因为读书最需要的是静下心来，一边阅读一边思考。

女：有调查表明，超过一半儿的人认为自己的阅读量非常小，您觉得这背后的原因是什么？

男：我觉得是人心态的功利化。进入商品社会后，一方面，人们发财致富的机会增多了，另一方面，生活压力也越来越大。于是，很多人为了有更多的时间工作、赚钱，就放弃了读书，心情也变得浮躁了，读不进去书了。

女：您觉得在现在这样一个社会环境中，我们需要什么样的阅读风气？

男：最重要的是克服浮躁，保持平静的心态，踏踏实实地阅读。要真正拿出时间来用心地读，要把阅读当做一种生活方式，而不是纯粹为了解决某一个问题，比如，为了完成一门学业或者为了考到一个文凭所做的那种阅读。

女：您觉得怎样才能树立一个良好的阅读风气呢？

男：我觉得还是得借助媒体的力量，我非常希望有影响的报纸、电视台，多开一些推荐阅读这样的栏目。我们在电视上，不是经常可以看到公益广告吗？为什么不能把读书栏目也办成一个公益节目？如果说，你把读书栏目做成一个公益节目在黄金时间播出，这样对推广阅读可能会有很大的好处。当然，现在很多媒体都有一些读书专栏，有些媒体还搞了一些图书的年度评选活动。搞得很好！我觉得很有影响，对读者也非常有意义。

女：那可以请您为大家推荐一些书吗？

男：我建议大家读三种书。一类是能启迪思想，促使你思考人生，思考社会的书；另外一类是，可以提高自身修养的文史哲类的读物；第三类是艺术类的，可以陶冶性情的读物。

26. 男的怎样看待网络阅读？
27. 男的觉得现在的人阅读量小的原因是什么？
28. 男的认为怎样才能树立良好的阅读风气？
29. 男的觉得，文史哲类图书怎么样？
30. 根据对话下列哪项正确？

第 三 部 分

第31到33题是根据下面一段话：

　　有一家油坊在当地家喻户晓。虽然市场上的食用油品种繁多，不断出新，但似乎并没有对这家油坊造成多大的冲击，它的生意依旧红火。据油坊的老顾客介绍，这家油坊生产的油色泽金黄、无杂质，烹饪时还不起泡沫和油烟。有一次，电视台去采访油坊老板。记者问："您的生意为什么这么好？有什么诀窍吗？"老板憨厚一笑，说："几十年来，我只想怎样能榨出更好的油，其他的事，我从不去做梦。"显而易见，油坊老板所说的正是一种专注精神。其实，很多人之所以成功，就是因为比别人多了一份专注。正所谓，多刨坑不如挖深井，如果你什么都想做，那结果可能会是一事无成。

31. 顾客觉得那家油坊的油怎么样？

32. 根据这段话，下列哪项正确？

33. 这段话主要想告诉我们什么？

第34到37题是根据下面一段话：

　　宋朝时，有一次，黄河发大水，冲断了城外的一座浮桥，原本用于栓浮桥的八只铁牛也被大水冲走了。洪水退后，浮桥可以重修，但是笨重的铁牛，却陷在河底。怎样才能把它们捞起来呢？当人们议论纷纷时，一个叫怀丙的人说："让我来试试。铁牛是被水冲走的，我还叫水把它们送回来。"捞铁牛那天，怀丙先请熟悉水性的人潜到河底，摸清了八只铁牛的位置，然后让人准备了两艘装满了泥沙的船，划到铁牛沉没的地方。船停稳之后，他又叫人把两艘船并排栓得紧紧的，再用结实的木料做了个架子，搭在两艘船上。最后，他又让人带着绳索潜到河底，把绳索的一头牢牢地栓在铁牛上，另一头绑在两艘大船之间的架子上。准备工作做好了，怀丙请大家一起动手，把船上的泥沙都铲到黄河里去。船里的泥沙慢慢减少，船身开始慢慢向上浮，拴着铁牛的绳索也越来越紧。就这样，靠着水的浮力，铁牛被一点儿、一点儿地从淤泥里拔了出来。等船上的泥沙铲光了，铁牛也离开了河底。但怀丙并不急着把铁牛捞上船，而是指挥大家把船划到岸边，再一起用力将铁牛拖上岸。按照这个办法，八只铁牛，很快就都被打捞起来了。

34. 关于铁牛，可以知道什么？

35. 怀丙命人在船上装满了什么？

36. 怀丙是利用了什么将铁牛打捞了上来的？

37. 根据这段话，下列哪项正确？

第38到40题是根据下面一段话：

　　储蓄卡、信用卡的卡面上，都有一个长长的磁条，这种卡被称为磁卡。银行发行的这种磁卡，相当于记账簿。可用来存储客户身份、交易记录等信息。但这种磁卡的存储容量较小，而且易受到磁场因素的干扰。为此，科技人员又研究出一种新型的智能卡。这种卡内嵌有芯片，存储容量大且不受任何电磁干扰，是磁卡等便携式信息介质所无法比拟的。另外，智能卡的内芯装有微电脑的超记忆集成电路，可作为识别装置。当信号从外部输入后，这种超记忆集成电路可以辨别出使用者是不是卡的真正主人。这就好像为卡装了一把电子锁，较好地保护了卡内所存储的信息，避免了钱款被冒领的危险。

38. 关于磁卡，可以知道什么？

39. 下列哪项是智能卡的优点？

40. 智能卡的超记忆集成电路有什么作用？

第41到43题是根据下面一段话：

　　一位画家，为了迅速提高画技，每天都画大量的画。但他的作品，却始终得不到大家的认可。为此，他很苦恼。一天，他在山林中散步，看见一位守林人挑着两桶水从远处走来。走近一看，他发现桶里装的水不太多。按理说，从那么远的地方挑水过来，应该多挑一些才对。于是，他好奇地问守林人其中的原因。守林人笑了笑说："水够用就好，如果因为装得太满而水洒了，或者因为我太累摔倒了，岂不是白挑了？一味贪多，只会适得其反。况且，一天去挑一次，不仅可以喝到新鲜的水，还可以锻炼身体呢。"画家猛然醒悟。凡事不能贪多，尽全力做好一件事才更重要。回到家后，他一改往日只求数量的做法，认真仔细地画好每一幅画。最终，他成为了国画界的一代大师。

41. 画家为什么很苦恼?

42. 守林人认为一天挑一次水有什么好处?

43. 这段话主要想告诉我们什么?

第44到47题是根据下面一段话:

　　我的家乡盛产核桃，每年秋末冬初，都会有成群的乌鸦飞到这里，捡拾那些果农遗留下来的核桃。核桃的外壳坚硬。乌鸦怎么吃到里面的仁儿呢？经过留心观察，我终于发现了乌鸦的聪明之处。它们先叼起核桃飞到高高的树枝上，然后再将核桃摔下去。核桃落到坚硬的物体表面，壳儿就会撞破。于是，乌鸦就能吃到美味的核桃仁儿了。可是核桃从高处掉落摔破壳儿的概率很低，于是，乌鸦又找到了一种更有效的方法。它们把核桃扔到附近的公路上，利用过往的车辆碾碎核桃。等车辆过去后，它们就会迅速叼起核桃仁儿，享用美食。乌鸦借力的故事，对我们的人生有很大的启示。现实生活中，每个人都渴望成功，然而个人的能力是有限的，要想在事业上做出一番成就，就应该学会借力，充分利用各种有利条件，提高自身成功的几率。只要我们敢借，会借，善借，就一定能借出一片新天地。

44. 乌鸦一开始是怎么吃到核桃仁儿的?

45. 为什么乌鸦后来换了一种方法?

46. 乌鸦将核桃扔到公路上的目的是什么?

47. 这段话，主要想告诉我们什么?

第48到50题是根据下面一段话：

无论你是什么样的人，处于什么样的社会地位，或多或少都会有烦恼。有烦恼自然就会有不良情绪。如果这种情绪是暂时的，那么对健康的影响不会很大。但如果不良情绪过于强烈或持续的时间太长，就会对人体造成伤害。研究证实，持续的不良情绪，特别是烦恼、忧郁、悲伤等，会造成人体免疫力下降，甚至诱发其他的精神疾病。消除不良情绪的关键，是建立稳定而又良好的心态，用顽强的意志战胜不良情绪的干扰。还要学会自我疏导，把不良情绪变为积极情绪。另外，情绪的产生离不开环境，避免强烈的环境刺激，也是很必要的。

48. 如果不良情绪持续时间过长会怎么样？

49. 消除不良情绪的关键是什么？

50. 根据这段话，可以知道什么？

听力考试现在结束。

（音乐，30秒，渐弱）

大家好! 欢迎参加HSK(六级)考试。
大家好! 欢迎参加HSK(六级)考试。
大家好! 欢迎参加HSK(六级)考试。

HSK(六级)听力考试分三部分，共50题。
请大家注意，听力考试现在开始。

第 一 部 分

第1到15题，请选出与所听内容一致的一项。现在开始第1题：

1. 一般认为，火的发现使人类进入了文明时代。后来，为了能够持久照明，人们
   便把动物脂肪一类的东西涂在捆扎好的树皮或木片上，做成照明用的火把。这
   就是蜡烛的起源。

2. "一岁看大，三岁看老"的意思是：看一个人年幼时的样子，可以知道他成年
   后的模样。也就是说，通过一个人年幼时的行为品性，可以大概预测出他的将
   来。所以，幼年教育对人的成长很关键。

3. 杆秤是秤的一种，也是中国最古老的衡量工具。它是利用杠杆原理来秤重量
   的。杆秤最大的特点是：便于携带。由于杆秤的制作工艺简单，操作也不复
   杂。所以至今仍有不少人在使用它。

4. 一位顾客在餐厅吃饭时，发现菜里有一截儿铁丝。他十分生气地叫来餐厅经理
   质问他，这究竟是怎么回事。餐厅经理不慌不忙地说："先生，恭喜您抽中了
   本餐厅再来一份的大奖。"

5. 蒲公英心态，是指像蒲公英一样，即使被吹到并不肥沃的土壤里，也能扎根开花的心态。在工作中，我们如果能用这种积极的心态来面对环境，就能真正做到傲立职场。

6. 北宋词人晏殊素以诚实著称。14 岁时，他奉皇帝之命与其他进士一同参加考试。结果晏殊发现考题是自己刚做过的，就如实向皇帝禀告，并请求更换试题。皇帝对他的诚实品质赞赏有加，便赐他同进士出身。

7. 国家动物博物馆是中国最大的动物类专业博物馆，由动物标本馆和标本展示馆组成。馆内的动物标本超过600万件，几乎囊获了中国版图上所有的动物种类。被称为静止的动物园。

8. 品牌一词，品在前，牌在后，这说明要先有产品，后有牌子。如果没有高质量的产品作为支撑，仅靠提供赞助和打广告做宣传手段，即便能打出很高的知名度，也只会是昙花一现，注定要被市场淘汰。

9. 唐伯虎小时候天赋过人，常得到众人的夸奖，他因此很自满。有一次，他的老师让他去开窗户，他过去一推，才发现窗户是老师画的。面对如此逼真的画作，唐伯虎自愧不如，从此便全心学画，终成为著名画家。

10. 近日，科学家研制出一台读梦机。它能够从人类大脑中提取梦里的情景。这项技术已被用来检测和绘制人类脑海中浮现的人脸图像。未来，类似的技术还可能运用到帮助人们重构记忆上来。

11. 提起创业，绝大多人会想到奋斗、努力、创新等关键词。孰不知，创业者沟通能力的高低，在某种程度上也决定了其创业的成败。因为创业往往要依靠整个团队的力量，而不是个人的力量。

12. 夏天，自来水管外壁常出现"出汗"现象。这是因为，自来水管大都埋在地下，水温较低。空气中的水蒸气接触水管后，就会液化成小水滴，附在上面。如果管壁大量"出汗"，说明空气湿度较大。这正是，下雨的前兆。

13. 节能灯是利用气体放电原理工作的。刚开灯时，气体放电不显著，灯光较暗。经过一段时间的放电后，灯光会越来越亮。不过，现在节能灯以实现了快速启动，因此不会再出现，刚开灯时，灯光昏暗的现象了。

14. 座头鲸的耳朵，就是头上的两个小洞。它们的耳朵虽小，但却丝毫不影响听力。座头鲸的听觉非常敏锐，它们常常以唱歌的方式相互交谈。就算相隔几百里远，也能听到同伴的声音。

15. 南瓜蔓儿可以预报天气。天气晴朗时，南瓜蔓梢是向上翘起的。如果蔓梢下垂，那是天气转为阴雨的征兆。如果在阴雨连绵的天气里，蔓梢由下垂转为上翘。那就表明，阴雨天即将结束，晴天马上就会到来。

第 二 部 分

第16到30题，请选出正确答案。现在开始第16到20题：

第16到20题是根据下面一段采访：

女：从金融高管到专业婚介人，行业跨度非常大。你为什么会选择这样的挑战？

男：我从事过三个行业，分别是：遗传工程、投资行业和互联网服务业。分子遗传学对我而言，既有趣又有意义，但我没有动手做实验的天分。投资行业的市场需求虽大，但我对它缺乏热忱。而创办相亲网站，令我感到自己的人生很有意义。我不太在乎创业的结果，只在乎生活的方式，是不是我所感兴趣的。

女：与传统婚介所相比，和互联网相结合的红娘，有什么优势？

男：借助广阔的网络平台，婚恋网站可以在短时间内，聚集众多有相亲需求的单身人士。这是对传统婚介所的超越，它为追求效率的都市人，能更好、更快地相亲提供了极大地方便。婚恋网站改变了人们通常认为的，网上只能进行浅层次的交流的看法。它利用网络，高效、便捷地解决了人们最实际的婚姻需求。

女：在你看来，人们对网络相亲的接受度如何？

男：与家人和朋友的介绍相比，网络相亲越来越被单身人士所接受。相亲是一个提供给单身人士找到幸福的平台。不同的人需要不同的方式寻找幸福。我希望单身的朋友能以积极的态度去面对相亲。这只是一种认识的方式，坦然面对即可。

女：你怎么看待婚姻的经营？

男：我认为，最理想的伴侣应该是在性格上没有太多冲突的两个人。这样比较容易维持婚姻的稳定。对于婚姻的经营，我个人认为有八个字很重要：及时沟通、相互理解。婚姻不像恋爱，它需要更多的时间和责任去维护。任何一方有问题，都要及时说出来。只有两个人共同经营、相互理解，才能在生活的点滴中铸造美满，让婚姻走得更长远。

16. 男的为什么转行创办相亲网站？

17. 男的觉得，婚恋网站有什么优势？

18. 男的建议单身人士怎么做？

19. 男的认为，婚姻中最重要的是什么？

20. 关于男的，下列哪项正确？

第21到25题是根据下面一段采访：

女：高总，您认为对于创业者来说最重要的是什么？

男：对刚开始创业的人来说，需要有一个非常务实的心态。如果没有这种务实心态，很多事情都只是空谈和妄想。我当年创业的时候，什么都做。既是老板，也是装卸工、业务员和出纳。我想创业者无论干什么、干哪个行业，这种状态都是一个前提。

女：您当年离开小学教师的岗位自己创业，现在又在学校里面做创业导师，那您是如何看待现在的创业教育呢？

男：应该说这两年创业教育的情况比前些年好多了。我们以前基本上是靠自己摸索，在摸索中感悟，在感悟中纠正，在纠正中实现企业的成长，就是所谓的摸着石头过河。这两年，创业教育发展很快。在一些大专院校当中，甚至在整个社会体系中，都已经有人提出并开始去做一些事情。这个太重要了！可以让很多创业青年少走一些弯路，让他们能够在创业的道路上走得更加顺畅。

女：那您认为创业教育的培养目标是什么？

男：我觉得整个创业教育最重要的目标就是培养企业家精神。

女：什么是企业家精神？您能否给我们定义一下？

男：企业家精神是企业文化的核心。我认为其中有三点是必不可少的，即洞察力、领导力和行动力。企业家每天都要面对主客观环境的变化，所以他们必须具备能够一眼看到问题的根源、把握脉络和方向的能力。企业越做越大，组织架构会越来越庞杂。在这种情况下，只有具备领导力的企业家，才能将企业的决策层层贯彻下去，使之成为整个企业的一致行动。而所有好的想法，都一定要通过有效的行动，才能达成。所以，行动力也是一个非常重要的环节。

女：最后，请您给那些想创业或正在创业的朋友们提一些建议吧。

男：创业一定要做自己感兴趣的方面，这是最基本的。然后就是刚开始讲到的心态问题。我发现很多年轻创业者，心智都很高，不愿意放低身段。事实上，所有伟大的事业都是从点滴开始积累的。

21.　对于刚开始创业的人来说，什么最重要？

22.　"摸着石头过河"是什么意思？

23.　面对主客观环境的变化，企业家要具备什么能力？

24.　男的对刚开始创业的人有什么建议？

25.　关于男的，可以知道什么？

第26到30题是根据下面一段采访：

女：很多人觉得要找到一个优秀的人才很难，您怎样看待这件事？

男：以前曾听人感叹过找人真难，项目马上就要上线了，最头疼的就是找不到合适的人才，尤其是好的销售总监。我听了之后，第一个反应就是他缺的不是人才，而是管理员工的策略。正因为管理策略的缺失才让现有员工不能人尽其才，从而加重了企业对人才的渴求。因此，经营者不应把管理策略的缺失转嫁为对人才的依赖。

女：您觉得工作中最重要的是什么?

男：是态度，不论工作如何变都要不断学习、积极进取。工作需要的无非就是知识、技能和态度，我们走到今天学到的知识不到20%，技能也只占了30%而态度则占到了50%。如果我们能有一个积极进取的态度，把知识学以致用，再练就熟练的技能，那么离实现人生目标就不远了。

女：您是如何做到在繁忙的工作中一直保持创新力的呢?

男：一是要保持一定的阅读量，一周不读书，你就要落后了。我每周都要阅读大量的信息，如新闻评论等。二是要保持一定的交际圈，与朋友们多交流，个人的阅历毕竟有限，多与他人沟通，才能碰撞出火花，发现新的思路、观点和主意。

女：现在很多大学生都会提出很多疑问，如怎样规划职业路线，求职路上需要做哪些准备等。您能给他们一些建议吗?

男：有几件事情千万不能忘记! 一是研究市场，在读书期间就要密切地关注社会上需要什么样的人才，思考自己怎样才能变成市场上的稀缺资源。二是制定计划，在大一的时候就写一份推销自己的简历，简历中所提到的自己就不应该是你毕业时的样子，而大学4年就是你打造自己的过程。三是重视学习，在不影响学业的前提下，积极寻找实习机会，不断积累经验，完善自己。这要比正式进入公司之后犯下许多错误再改正要好得多。

26. 男的认为为什么会出现找人难的现象?

27. 男的觉得工作中最重要的是什么?

28. 下列哪项是保持创新力的途径?

29. 男的认为实习的好处是什么?

30. 根据这段对话，下列哪项正确?

第 三 部 分

第31到33题是根据下面一段话：

看电视的时候，偶尔会遇到电视信号中断的情况。通常我们会以为是电视机坏了，或者信号线接触不良。其实，这还可能与天体运行有关。通讯卫星地面接收站，经常会出现短暂的无线电通信受到干扰，甚至工作中断的情况。这是卫星凌日现象造成的。卫星凌日是指，赤道上空的通讯卫星与太阳及地面卫星接收站，大致位于一条直线上的现象。当卫星凌日时，接收器不仅会收到卫星信号，还会接收到太阳发出的强电波。这种强电波会干扰卫星发出的信号。于是就会出现电视节目中断的现象了。

31. 人们一般认为电视信号中断的原因是什么？

32. 关于卫星凌日的说法，下列哪项正确？

33. 根据这段话，下列哪项正确？

第34到37题是根据下面一段话：

很多人购买商品时，都有自己偏爱的品牌。一般来说，对品牌的偏好一旦形成就很难改变。但经济学家却表示，想要改变这种偏好其实很简单。经济学家通过研究发现，消费者在对不同品牌的同类商品进行选择时，一般会选择那个让其视线停留时间最长的。也就是说，消费者偏爱哪个品牌的商品，就会给予其更多地注意力。那么，反过来想一想，如果一种商品能够吸引消费者更多的注意力，那它是否就更容易被消费者选择呢？对此，经济学家以商品拍卖的方式对志愿者进行了测试。他们事先了解了志愿者对品牌的偏好，在拍卖过程中，针对某些志愿者不喜爱的品牌，还特意用声音提示等方式来吸引其注意力。果然，对于自己原本不喜欢，但却有提示音的品牌商品，有超过三分之二的志愿者给出了原本高于偏爱品牌商品的价格。看来，商家只要能够吸引顾客的眼球，就不愁商品没销路了。

34. 面对多个同类商品，消费者一般会选择哪个？

35. 经济学家以什么方式来测试志愿者？

36. 提示音的作用是什么？

37. 根据这段话，下列哪项正确？

第38到40题是根据下面一段话：

　　研究发现，脚能比较准确地透露出一个人的内心感受。比如，你想参与某几个人的谈话，但你不确定自己是否受欢迎，这时你可以观察一下他们的脚有没有朝你的方向移动。有的话，就是表示欢迎。如果脚没有动，只是髋部转动，那么你最好知趣地走开。人们在交往中，往往更习惯从对方的脸上寻找有效信息。但不幸的是，脸是很善于骗人的。光是微笑，就会让你很难猜出对方的想法。而脚却不容易伪装或撒谎。人在讲话时，如果说的是真话，双脚会自然的分开，而如果对自己所说的话感到不安，例如：说谎时，双脚就会不自觉地靠近一些。另外，坐着说话时，说谎的人会不自觉地用手反复摩擦大腿。这是因为，人在说谎时会略有不安。如果遇到非常直接、尖锐的问题，就会感到非常不适。而做些小动作，能有效缓解他们内心的焦虑。

38. 如果别人欢迎你加入交谈，他们会怎么做？

39. 关于人的脸，下列哪项正确？

40. 为什么人在说谎时，喜欢做一些小动作？

第41到43题是根据下面一段话：

地球上绝大多数生物，从藻类、真菌再到人类这样的哺乳动物，体内的细胞活动都会在生物钟的指挥下与地球的昼夜变化周期保持同步。但是，生物钟的周期和地球自转的周期并不是精确对应的，研究表明，人体生物钟的一天要比地球的一天长一些。科学家曾做过这样一个实验，他们让志愿者在没有阳光、无法获取时间信息，完全与外界隔离的地方生活一个月，结果发现，这些人每天都比前一天晚起床十几分钟。这个实验表明，人体生物钟的节律周期要比地球自转的24小时长一些。人体为了使生物钟的周期与地球自转的周期相一致，就会利用太阳光线来调整。正是这种努力校正自身节律以适应自然节律的行为才使得有些人感觉起床很困难。

41. 人体生物钟周期，下列哪项正确？

42. 关于实验环境，可以知道什么？

43. 人体利用什么来调整自身节律？

第44到47题是根据下面一段话：

也许你已经发现，身边很多人有了特异功能。比如，他们动动眼珠，电子设备的屏幕就会翻页；眨一下眼就能拍照；开车犯困眯一下眼睛，马上就会有语音提示响起。这可并不是因为他们的眼睛被改造了，而是因为他们使用的电子设备搭载了一项名为"眼球追踪"的技术。"眼球追踪"的技术并不复杂，当人眼看向不同方向时，眼部会有细微的变化。而这些变化特征，可以被计算机捕捉和提取。从而实现通过追踪眼睛的变化来预测用户需求，达到用眼睛控制电子设备的目的。在日常生活中，使用"眼球追踪"技术最多的就是手机。比如：一些智能手机可以通过检测用户的眼睛状态，来控制屏幕锁定。只要用户盯着手机屏幕，即使没有进行任何操作，屏幕也不会被锁定。然而，目前"眼球追踪"技术的发展还存在不少困难。要让机器对眼部动作的真实意图，进行识别并不是件容易的事。所以，这项技术在短期内，很难成为人与机器互动的主要方式。

44. 下列哪项，属于这段话提到的特异功能？

45. 计算机通过什么来使眼睛控制电子设备？

46. "眼球追踪"技术运用最多的设备是什么？

47. 关于"眼球追踪"技术，下列哪项正确？

第48到50题是根据下面一段话：

　　一位年轻人拜一位老船工为师，学习划船。一开始，老船工并没有教他如何划船，而是让他先学游泳。年轻人一学就是半年。终于有一天，他游得不耐烦了。就问："师傅，我是来跟您学划船的。您却一天到晚让我练游泳，这是为什么？"老船工说："要想学划船，就得先学会游泳。如果你不会游泳，划船时难免会担心失足落水，就不能专心致志地去划船。你觉得这样能划好吗？"年轻人顿悟。于是，他潜心学习游泳，再学划船。很快，他便成了一名划船好手。这就是所谓的有备无患。就像演讲家演讲时，虽然不一定会照着稿子念，但他们还是会随身带着稿子，只为求一个心安。备用方案并不一定能直接派上用场，但却可以减轻我们的忧虑。这样，注意力就会更多地集中到事情本身上。从而达到事半功倍的效果。

48.　老船工一开始让年轻人做什么？

49.　根据这段话，演讲家为什么要随身带着稿子？

50.　这段话，主要想告诉我们什么？

听力考试现在结束。

정답

一、听力

第一部分

1.A	2.C	3.A	4.B	5.D
6.A	7.D	8.C	9.D	10.D
11.C	12.C	13.B	14.B	15.C

第二部分

16.A	17.B	18.C	19.B	20.B
21.A	22.D	23.A	24.C	25.A
26.C	27.D	28.B	29.A	30.C

第三部分

31.B	32.B	33.B	34.A	35.B
36.D	37.D	38.C	39.D	40.B
41.A	42.C	43.B	44.D	45.A
46.C	47.A	48.A	49.B	50.D

二、阅读

第一部分

51.C	52.B	53.A	54.D	55.B
56.C	57.C	58.A	59.A	60.A

第二部分

61.D	62.C	63.A	64.D	65.C
66.A	67.C	68.A	69.D	70.C

第三部分

71.C	72.D	73.B	74.E	75.A
76.A	77.E	78.C	79.D	80.B

第四部分

81.A	82.B	83.B	84.C	85.A
86.D	87.A	88.D	89.D	90.C
91.D	92.C	93.B	94.B	95.C
96.D	97.C	98.D	99.C	100.A

三、书写

101.

杜康与酒

　　相传黄帝让杜康负责粮食生产工作。因为一连几年粮食大丰收，所以他把粮食堆放在了山洞里。可让他出乎意料的是，后来这些粮食都发霉了，所以最后他由一名大臣，变成了一名粮食保管员。虽然他很难过，但是他下决心一定要做好。

　　有一天，他发现几棵枯死的大树，所以他就想出了把粮食放进枯树里的办法。但是两年后的一天，他发现枯树的周围有很多病死的动物。但是走近一看，他们并没有死，只是在睡大觉而已，这让他疑惑不解。经过一番仔细观察之后，才知道原来是枯树里面渗出的水的缘故。他尝了一下这种水，感觉微辣，但是很好喝，于是就多喝了几口，没想到却晕倒了，醒来时天已黑了。

　　后来他带了一些回去，并把他的经历告诉了大家。有人提议上报皇上，但是又怕被责怪，杜康虽然害怕被责怪，可是后来还是对黄帝说了。黄帝知道后让他继续观察，确定有没有毒。最后，确定可以饮用后，黄帝又命大臣给这种水起了个名字，叫"酒"。于是，就便诞生了。后来，杜康也成了美酒的代称。

〈제2회〉정답

一、听力

第一部分

1.D	2.C	3.B	4.B	5.B
6.A	7.D	8.C	9.B	10.D
11.B	12.A	13.C	14.B	15.A

第二部分

16.A	17.C	18.C	19.A	20.A
21.A	22.B	23.A	24.A	25.D
26.D	27.D	28.C	29.C	30.B

第三部分

31.D	32.D	33.D	34.A	35.A
36.A	37.C	38.C	39.B	40.B
41.D	42.B	43.B	44.A	45.C
46.D	47.A	48.A	49.C	50.D

二、阅读

第一部分

51.A	52.A	53.D	54.A	55.B
56.D	57.A	58.B	59.C	60.A

第二部分

61.D	62.C	63.A	64.B	65.A
66.D	67.D	68.D	69.D	70.A

第三部分

71.A	72.D	73.E	74.B	75.C
76.A	77.D	78.C	79.E	80.B

第四部分

81.D	82.B	83.A	84.C	85.B
86.A	87.D	88.A	89.B	90.C
91.A	92.A	93.D	94.C	95.D
96.B	97.B	98.A	99.D	100.A

三、书写

101.

					成	功	贵	在	坚	持				

| | 当 | 代 | 著 | 名 | 的 | 明 | 星 | 企 | 业 | 家 | 马 | 云 | 成 | 为 | 了 | 众 | 多 | 青 |

| 年 | 创 | 业 | 者 | 的 | 偶 | 像 | 。 | 在 | 一 | 档 | 电 | 视 | 节 | 目 | 中 | , | 两 | 名 | 大 |

| 学 | 生 | 为 | 了 | 得 | 到 | 他 | 的 | 认 | 可 | , | 都 | 说 | 出 | 了 | 自 | 己 | 的 | 创 | 业 |

蓝图。但是马云却给他们泼了一盆冷水，马云说如果是他自己的话，他不会去创业，而是找一个公司，踏踏实实地工作五年。两个大学生显然很不服气。

后来马云说出了自己的一段鲜为人知的往事。马云在他上大学的时候就一心想创业。后来他被分到一所学校当英语老师，这与他的理差距甚大！在一次校园散步中，偶然遇到了校长。因为他也是学校的风云人物，所以校长很关心他的发展，校长了解了他此时的心态后，让他许下一个承诺：去学校工作，五年内不要创业。那时老师的工资非常的低，而且有很多公司都愿意高薪聘请他，但是他一直坚守着那个承诺。

五年之后，带着沉稳踏实的心态，马云开始了创业。创业之初，他遇到了很多困难和挫折，在众人纷纷动摇的时候，马云却一直坚持,就像五年前，一直坚持在学校工作那样。最后通过努力，马云终于一步一个脚印地创造了阿里巴巴诸多神话。

〈제3회〉정답

一、听力

第一部分

1.D	2.C	3.B	4.D	5.C
6.D	7.D	8.B	9.D	10.B
11.D	12.B	13.A	14.B	15.C

第二部分

16.B	17.C	18.A	19.A	20.D
21.D	22.A	23.C	24.D	25.A
26.D	27.C	28.A	29.C	30.D

第三部分

31.A	32.C	33.C	34.D	35.D
36.D	37.A	38.C	39.B	40.D
41.B	42.C	43.D	44.D	45.D
46.A	47.C	48.A	49.D	50.D

二、阅读

第一部分

51.B	52.A	53.C	54.A	55.A
56.D	57.A	58.A	59.B	60.C

第二部分

61.D	62.A	63.A	64.A	65.C
66.A	67.B	68.D	69.D	70.D

第三部分

71.A	72.C	73.D	74.B	75.E
76.C	77.A	78.D	79.E	80.B

第四部分

81.B	82.A	83.C	84.B	85.A
86.B	87.C	88.D	89.C	90.B
91.D	92.D	93.A	94.A	95.B
96.C	97.B	98.C	99.C	100.B

三、书写

101.

						众	志	成	城					

	我	有	一	个	在	大	学	当	宿	舍	管	理	员	的	朋	友	，	她

给	我	讲	了	一	件	很	有	趣	的	事	。

	她	负	责	管	理	男	生	宿	舍	，	每	个	宿	舍	四	名	学	生，

　　每个人都有一把钥匙。但是男孩子总是爱睡懒觉，所以每天早上都是匆匆忙忙地离开宿舍。可是下课回来才发现，因为早上太匆忙，所以忘带了钥匙，只好等其他的同学回来。但有的时候，也有四个人都忘记带钥匙的情况。这时就去我朋友那借钥匙。因为她那里有整栋楼的备份钥匙。也是因为这个原因，借钥匙的情况越来越多。后来我的朋友便定了一个新规定：一个学期，每个宿舍不能超过三次。

　　可是学期结束后，她发现501至506居然一次也没有向她借过钥匙。为了解开心里的谜团，她便去了解情况。六个宿舍制定了一个方案，就是把宿舍的钥匙放到下个宿舍里。这样一来，只要是六个宿舍当中有一名带钥匙的话，那么其余宿舍的门都会被打开。后来我算了一下，都不带的钥匙的几率几乎为零。因为他们彼此信任，互相合作，才会让问题迎刃而解。

　　面对困难时，如果我们并肩作战，那么我们的手里就会多一把钥匙。

〈제4회〉 정답

一、听力

第一部分

1.C	2.D	3.A	4.D	5.D
6.C	7.A	8.C	9.C	10.D
11.C	12.A	13.C	14.D	15.A

第二部分

16.C	17.D	18.A	19.C	20.C
21.C	22.D	23.A	24.D	25.B
26.C	27.C	28.C	29.B	30.C

第三部分

31.A	32.A	33.A	34.D	35.D
36.C	37.A	38.B	39.A	40.B
41.D	42.D	43.C	44.A	45.B
46.D	47.D	48.B	49.C	50.B

二、阅读

第一部分

51.B	52.A	53.C	54.B	55.C
56.B	57.C	58.B	59.A	60.A

第二部分

61.C	62.B	63.D	64.A	65.C
66.D	67.B	68.C	69.D	70.B

第三部分

71.B	72.D	73.E	74.C	75.A
76.E	77.C	78.A	79.D	80.B

第四部分

81.A	82.A	83.C	84.D	85.C
86.B	87.D	88.C	89.A	90.C
91.C	92.D	93.D	94.D	95.A
96.B	97.C	98.D	99.C	100.A

三、书写

101.

					退	避	三	舍						

　　春秋时期晋献公听信谣言，杀掉了之前立的太子之后，另外的一个儿子重耳因为害怕而逃到了楚国。楚成王认为重耳日后一定会大有

作为，所以对他的十分敬重，两个人后来成为了朋友。

　　有一天两人饮酒聊天时，楚成王问重耳："如有一天，你能回到晋国并当上国君，你怎么报答我呢？"重耳说楚国非常的富有，晋国没有什么可以给他的。他说他如果真的回到了晋国，并且当上国君，那一定的，会让两个国家和平相处。如果有战争的话，他会令他的军队退避三舍，后来重耳果真回到了晋国并成为了国君，晋国在他的统治下，国力不断地强大。后来楚成王攻打宋国，宋国向晋国求助。晋文公和其他的诸侯国去救援，楚国国君见形势不妙，赶紧撤退，并命令他的部下不要和晋军作战。但是他的部下却一意孤行，与晋军作战。然而重耳果真命令他的部下向后退30里。但是楚军却紧追不舍，最后晋军连续退到了90里，也就是退避三舍。

　　谁知楚军却并不退却，晋军不再退让，而是集中兵力与楚军作战，最后取得了这次战争的胜利！

　　后来人们就用退避三舍来比喻主动避让他人。

〈제5회〉정답

一、听力

第一部分

1.D	2.D	3.D	4.A	5.C
6.C	7.B	8.D	9.C	10.D
11.B	12.D	13.C	14.B	15.D

第二部分

16.D	17.B	18.A	19.C	20.B
21.D	22.C	23.A	24.A	25.B
26.C	27.C	28.B	29.B	30.A

第三部分

31.C	32.D	33.C	34.B	35.B
36.D	37.C	38.B	39.A	40.B
41.D	42.A	43.B	44.A	45.B
46.A	47.D	48.C	49.A	50.B

二、阅读

第一部分

51.C	52.A	53.C	54.D	55.C
56.A	57.B	58.C	59.D	60.C

第二部分

61.A	62.A	63.C	64.C	65.C
66.C	67.C	68.B	69.B	70.C

第三部分

71.B	72.A	73.E	74.D	75.C
76.B	77.D	78.E	79.A	80.C

第四部分

81.C	82.D	83.D	84.A	85.A
86.B	87.C	88.C	89.B	90.B
91.A	92.C	93.C	94.A	95.D
96.D	97.A	98.A	99.A	100.C

三、书写

101.

季 布

　　秦朝末年有一个叫季布的人，他不但性情耿直，乐于助人，而且还一言九鼎，所以很多人都非常的尊敬他。

　　秦朝灭亡后，刘邦与项羽开战。季布作为项羽的部下，项羽非常器重他，而且他多次使刘邦军队陷入困境。

　　后来刘邦取得了天下。当他一想起季布时，总是耿耿于怀，于是下令捉拿季布，而且要对提供信息的人就赏黄金千两。因为季布平时帮助过很多人，所以大家不但没有被金钱诱惑，反而用生命去保护他。后来他逃到了一个姓朱的人家，姓朱的人家也很欣赏季布。所以姓朱的人家为了帮季布而找到了刘邦的亲信滕公，请求滕公说服刘邦。其实滕公也很欣赏季布，所以他在刘邦面前，为季布说了很多好话，说季布帮项羽，其实那是因为他很有责任心，也能看出他对国君是多么忠心。他还跟刘邦说，如果季布为别国效力，多么还会给刘邦带来很多麻烦。相反，如果把他招进宫来，老百姓也会赞扬刘邦是个贤明的皇帝。后来刘邦听了滕公的建议，把季布招回宫。季布不负众望，对汉朝做出了很多的贡献！

新 汉 语 水 平 考 试
HSK（六级）答题卡

姓名	

序号	[0] [1] [2] [3] [4] [5] [6] [7] [8] [9]
	[0] [1] [2] [3] [4] [5] [6] [7] [8] [9]
	[0] [1] [2] [3] [4] [5] [6] [7] [8] [9]
	[0] [1] [2] [3] [4] [5] [6] [7] [8] [9]
	[0] [1] [2] [3] [4] [5] [6] [7] [8] [9]

年龄	[0] [1] [2] [3] [4] [5] [6] [7] [8] [9]
	[0] [1] [2] [3] [4] [5] [6] [7] [8] [9]

国籍	[0] [1] [2] [3] [4] [5] [6] [7] [8] [9]
	[0] [1] [2] [3] [4] [5] [6] [7] [8] [9]
	[0] [1] [2] [3] [4] [5] [6] [7] [8] [9]

性别	男 [1]	女 [2]

考点	[0] [1] [2] [3] [4] [5] [6] [7] [8] [9]
	[0] [1] [2] [3] [4] [5] [6] [7] [8] [9]
	[0] [1] [2] [3] [4] [5] [6] [7] [8] [9]

你是华裔吗?

是 [1]　　　　　不是 [2]

学习汉语的时间:

2年以下 [1]　　2年－3年 [2]　　3年－4年 [3]　　4年－5年 [4]　　5年以上 [5]

注意	请用 2B 铅笔这样写: ▬

一、听力

1. [A] [B] [C] [D]　　6. [A] [B] [C] [D]　　11. [A] [B] [C] [D]　　16. [A] [B] [C] [D]　　21. [A] [B] [C] [D]
2. [A] [B] [C] [D]　　7. [A] [B] [C] [D]　　12. [A] [B] [C] [D]　　17. [A] [B] [C] [D]　　22. [A] [B] [C] [D]
3. [A] [B] [C] [D]　　8. [A] [B] [C] [D]　　13. [A] [B] [C] [D]　　18. [A] [B] [C] [D]　　23. [A] [B] [C] [D]
4. [A] [B] [C] [D]　　9. [A] [B] [C] [D]　　14. [A] [B] [C] [D]　　19. [A] [B] [C] [D]　　24. [A] [B] [C] [D]
5. [A] [B] [C] [D]　　10. [A] [B] [C] [D]　　15. [A] [B] [C] [D]　　20. [A] [B] [C] [D]　　25. [A] [B] [C] [D]

26. [A] [B] [C] [D]　　31. [A] [B] [C] [D]　　36. [A] [B] [C] [D]　　41. [A] [B] [C] [D]　　46. [A] [B] [C] [D]
27. [A] [B] [C] [D]　　32. [A] [B] [C] [D]　　37. [A] [B] [C] [D]　　42. [A] [B] [C] [D]　　47. [A] [B] [C] [D]
28. [A] [B] [C] [D]　　33. [A] [B] [C] [D]　　38. [A] [B] [C] [D]　　43. [A] [B] [C] [D]　　48. [A] [B] [C] [D]
29. [A] [B] [C] [D]　　34. [A] [B] [C] [D]　　39. [A] [B] [C] [D]　　44. [A] [B] [C] [D]　　49. [A] [B] [C] [D]
30. [A] [B] [C] [D]　　35. [A] [B] [C] [D]　　40. [A] [B] [C] [D]　　45. [A] [B] [C] [D]　　50. [A] [B] [C] [D]

二、阅读

51. [A] [B] [C] [D]　　56. [A] [B] [C] [D]　　61. [A] [B] [C] [D]　　66. [A] [B] [C] [D]　　71. [A] [B] [C] [D] [E]
52. [A] [B] [C] [D]　　57. [A] [B] [C] [D]　　62. [A] [B] [C] [D]　　67. [A] [B] [C] [D]　　72. [A] [B] [C] [D] [E]
53. [A] [B] [C] [D]　　58. [A] [B] [C] [D]　　63. [A] [B] [C] [D]　　68. [A] [B] [C] [D]　　73. [A] [B] [C] [D] [E]
54. [A] [B] [C] [D]　　59. [A] [B] [C] [D]　　64. [A] [B] [C] [D]　　69. [A] [B] [C] [D]　　74. [A] [B] [C] [D] [E]
55. [A] [B] [C] [D]　　60. [A] [B] [C] [D]　　65. [A] [B] [C] [D]　　70. [A] [B] [C] [D]　　75. [A] [B] [C] [D] [E]

76. [A] [B] [C] [D] [E]　　81. [A] [B] [C] [D]　　86. [A] [B] [C] [D]　　91. [A] [B] [C] [D]　　96. [A] [B] [C] [D]
77. [A] [B] [C] [D] [E]　　82. [A] [B] [C] [D]　　87. [A] [B] [C] [D]　　92. [A] [B] [C] [D]　　97. [A] [B] [C] [D]
78. [A] [B] [C] [D] [E]　　83. [A] [B] [C] [D]　　88. [A] [B] [C] [D]　　93. [A] [B] [C] [D]　　98. [A] [B] [C] [D]
79. [A] [B] [C] [D] [E]　　84. [A] [B] [C] [D]　　89. [A] [B] [C] [D]　　94. [A] [B] [C] [D]　　99. [A] [B] [C] [D]
80. [A] [B] [C] [D] [E]　　85. [A] [B] [C] [D]　　90. [A] [B] [C] [D]　　95. [A] [B] [C] [D]　　100. [A] [B] [C] [D]

三、书写

101.

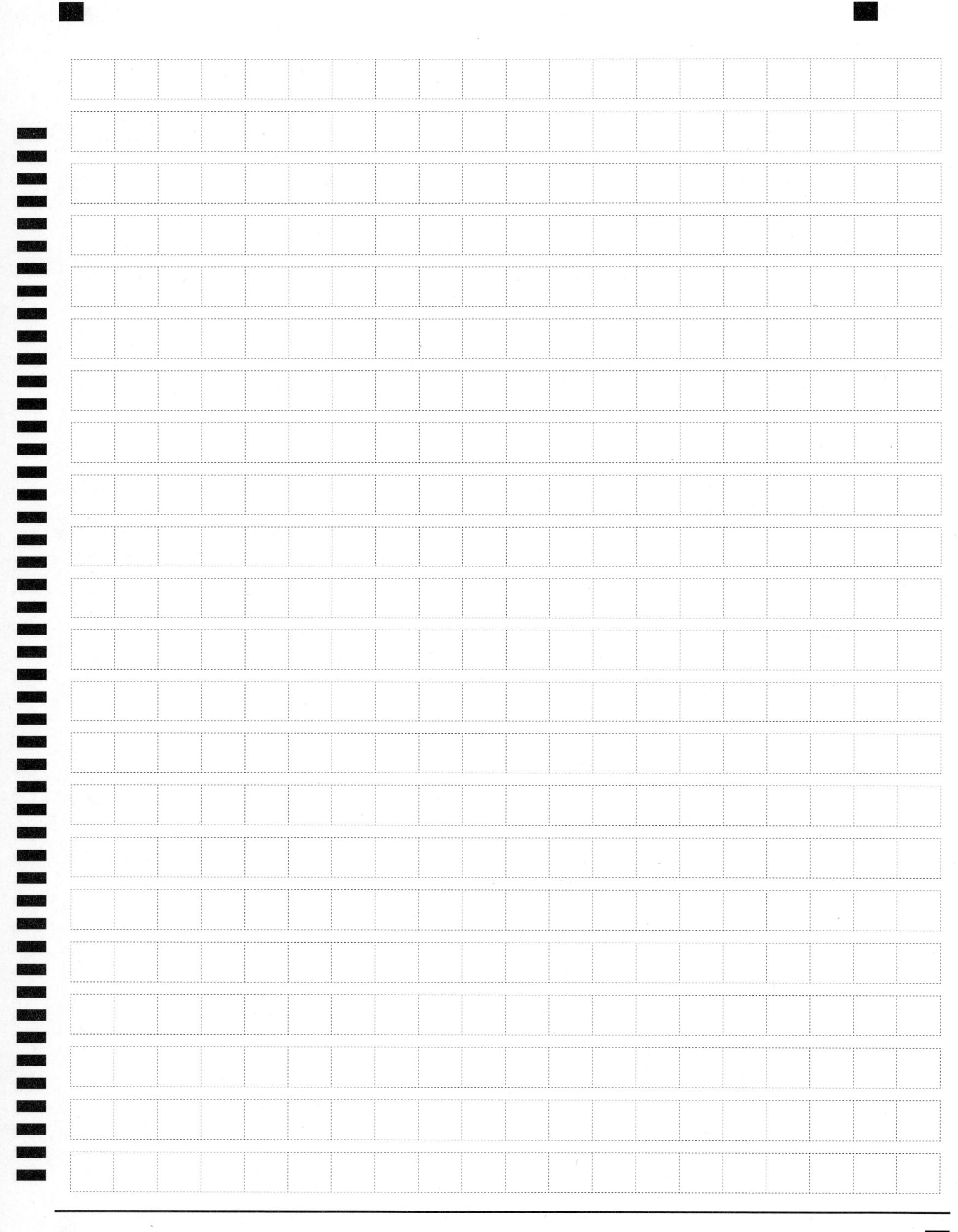

新 汉 语 水 平 考 试
HSK（六级）答题卡

| 姓名 | |

国籍	[0] [1] [2] [3] [4] [5] [6] [7] [8] [9]
	[0] [1] [2] [3] [4] [5] [6] [7] [8] [9]
	[0] [1] [2] [3] [4] [5] [6] [7] [8] [9]

序号	[0] [1] [2] [3] [4] [5] [6] [7] [8] [9]
	[0] [1] [2] [3] [4] [5] [6] [7] [8] [9]
	[0] [1] [2] [3] [4] [5] [6] [7] [8] [9]
	[0] [1] [2] [3] [4] [5] [6] [7] [8] [9]
	[0] [1] [2] [3] [4] [5] [6] [7] [8] [9]

| 性别 | 男 [1]　　　　女 [2] |

考点	[0] [1] [2] [3] [4] [5] [6] [7] [8] [9]
	[0] [1] [2] [3] [4] [5] [6] [7] [8] [9]
	[0] [1] [2] [3] [4] [5] [6] [7] [8] [9]

| 年龄 | [0] [1] [2] [3] [4] [5] [6] [7] [8] [9] |
| | [0] [1] [2] [3] [4] [5] [6] [7] [8] [9] |

你是华裔吗？

是 [1]　　　　不是 [2]

学习汉语的时间：

2年以下 [1]　　　2年－3年 [2]　　　3年－4年 [3]　　　4年－5年 [4]　　　5年以上 [5]

注意　请用2B铅笔这样写：▬

一、听力

1. [A] [B] [C] [D]　　6. [A] [B] [C] [D]　　11. [A] [B] [C] [D]　　16. [A] [B] [C] [D]　　21. [A] [B] [C] [D]
2. [A] [B] [C] [D]　　7. [A] [B] [C] [D]　　12. [A] [B] [C] [D]　　17. [A] [B] [C] [D]　　22. [A] [B] [C] [D]
3. [A] [B] [C] [D]　　8. [A] [B] [C] [D]　　13. [A] [B] [C] [D]　　18. [A] [B] [C] [D]　　23. [A] [B] [C] [D]
4. [A] [B] [C] [D]　　9. [A] [B] [C] [D]　　14. [A] [B] [C] [D]　　19. [A] [B] [C] [D]　　24. [A] [B] [C] [D]
5. [A] [B] [C] [D]　　10. [A] [B] [C] [D]　　15. [A] [B] [C] [D]　　20. [A] [B] [C] [D]　　25. [A] [B] [C] [D]

26. [A] [B] [C] [D]　　31. [A] [B] [C] [D]　　36. [A] [B] [C] [D]　　41. [A] [B] [C] [D]　　46. [A] [B] [C] [D]
27. [A] [B] [C] [D]　　32. [A] [B] [C] [D]　　37. [A] [B] [C] [D]　　42. [A] [B] [C] [D]　　47. [A] [B] [C] [D]
28. [A] [B] [C] [D]　　33. [A] [B] [C] [D]　　38. [A] [B] [C] [D]　　43. [A] [B] [C] [D]　　48. [A] [B] [C] [D]
29. [A] [B] [C] [D]　　34. [A] [B] [C] [D]　　39. [A] [B] [C] [D]　　44. [A] [B] [C] [D]　　49. [A] [B] [C] [D]
30. [A] [B] [C] [D]　　35. [A] [B] [C] [D]　　40. [A] [B] [C] [D]　　45. [A] [B] [C] [D]　　50. [A] [B] [C] [D]

二、阅读

51. [A] [B] [C] [D]　　56. [A] [B] [C] [D]　　61. [A] [B] [C] [D]　　66. [A] [B] [C] [D]　　71. [A] [B] [C] [D] [E]
52. [A] [B] [C] [D]　　57. [A] [B] [C] [D]　　62. [A] [B] [C] [D]　　67. [A] [B] [C] [D]　　72. [A] [B] [C] [D] [E]
53. [A] [B] [C] [D]　　58. [A] [B] [C] [D]　　63. [A] [B] [C] [D]　　68. [A] [B] [C] [D]　　73. [A] [B] [C] [D] [E]
54. [A] [B] [C] [D]　　59. [A] [B] [C] [D]　　64. [A] [B] [C] [D]　　69. [A] [B] [C] [D]　　74. [A] [B] [C] [D] [E]
55. [A] [B] [C] [D]　　60. [A] [B] [C] [D]　　65. [A] [B] [C] [D]　　70. [A] [B] [C] [D]　　75. [A] [B] [C] [D] [E]

76. [A] [B] [C] [D] [E]　　81. [A] [B] [C] [D]　　86. [A] [B] [C] [D]　　91. [A] [B] [C] [D]　　96. [A] [B] [C] [D]
77. [A] [B] [C] [D] [E]　　82. [A] [B] [C] [D]　　87. [A] [B] [C] [D]　　92. [A] [B] [C] [D]　　97. [A] [B] [C] [D]
78. [A] [B] [C] [D] [E]　　83. [A] [B] [C] [D]　　88. [A] [B] [C] [D]　　93. [A] [B] [C] [D]　　98. [A] [B] [C] [D]
79. [A] [B] [C] [D] [E]　　84. [A] [B] [C] [D]　　89. [A] [B] [C] [D]　　94. [A] [B] [C] [D]　　99. [A] [B] [C] [D]
80. [A] [B] [C] [D] [E]　　85. [A] [B] [C] [D]　　90. [A] [B] [C] [D]　　95. [A] [B] [C] [D]　　100. [A] [B] [C] [D]

三、书写

101.

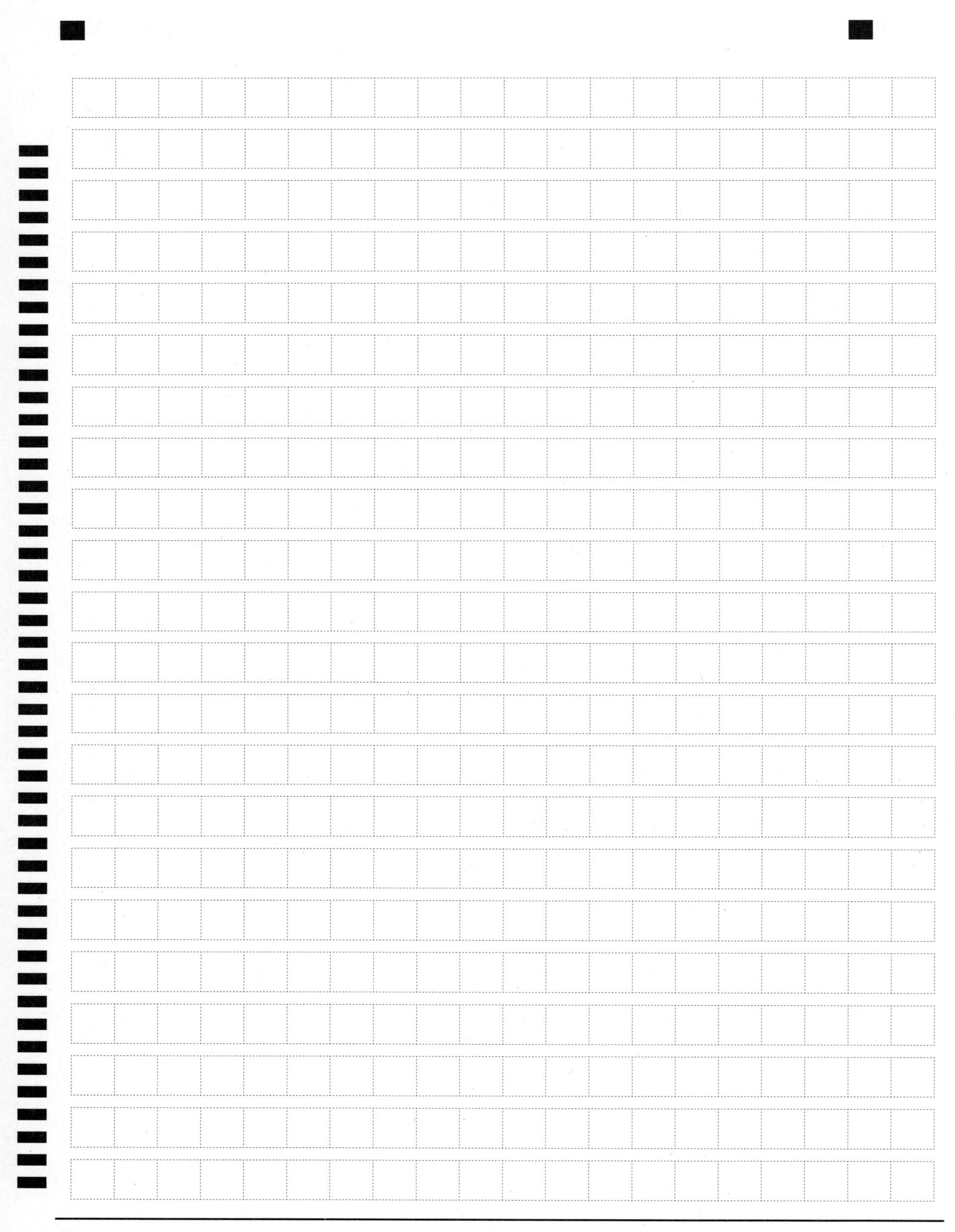

新 汉 语 水 平 考 试
HSK （六级）答题卡

姓名	

序号	[0] [1] [2] [3] [4] [5] [6] [7] [8] [9] [0] [1] [2] [3] [4] [5] [6] [7] [8] [9] [0] [1] [2] [3] [4] [5] [6] [7] [8] [9] [0] [1] [2] [3] [4] [5] [6] [7] [8] [9] [0] [1] [2] [3] [4] [5] [6] [7] [8] [9]
年龄	[0] [1] [2] [3] [4] [5] [6] [7] [8] [9] [0] [1] [2] [3] [4] [5] [6] [7] [8] [9]

国籍	[0] [1] [2] [3] [4] [5] [6] [7] [8] [9] [0] [1] [2] [3] [4] [5] [6] [7] [8] [9] [0] [1] [2] [3] [4] [5] [6] [7] [8] [9]
性别	男 [1]　　　　女 [2]
考点	[0] [1] [2] [3] [4] [5] [6] [7] [8] [9] [0] [1] [2] [3] [4] [5] [6] [7] [8] [9] [0] [1] [2] [3] [4] [5] [6] [7] [8] [9]

你是华裔吗?

是 [1]　　　　不是 [2]

学习汉语的时间:

2年以下 [1]　　2年－3年 [2]　　3年－4年 [3]　　4年－5年 [4]　　5年以上 [5]

注意　请用 2B 铅笔这样写: ■

一、听力

1. [A] [B] [C] [D]　　6. [A] [B] [C] [D]　　11. [A] [B] [C] [D]　　16. [A] [B] [C] [D]　　21. [A] [B] [C] [D]
2. [A] [B] [C] [D]　　7. [A] [B] [C] [D]　　12. [A] [B] [C] [D]　　17. [A] [B] [C] [D]　　22. [A] [B] [C] [D]
3. [A] [B] [C] [D]　　8. [A] [B] [C] [D]　　13. [A] [B] [C] [D]　　18. [A] [B] [C] [D]　　23. [A] [B] [C] [D]
4. [A] [B] [C] [D]　　9. [A] [B] [C] [D]　　14. [A] [B] [C] [D]　　19. [A] [B] [C] [D]　　24. [A] [B] [C] [D]
5. [A] [B] [C] [D]　　10. [A] [B] [C] [D]　　15. [A] [B] [C] [D]　　20. [A] [B] [C] [D]　　25. [A] [B] [C] [D]

26. [A] [B] [C] [D]　　31. [A] [B] [C] [D]　　36. [A] [B] [C] [D]　　41. [A] [B] [C] [D]　　46. [A] [B] [C] [D]
27. [A] [B] [C] [D]　　32. [A] [B] [C] [D]　　37. [A] [B] [C] [D]　　42. [A] [B] [C] [D]　　47. [A] [B] [C] [D]
28. [A] [B] [C] [D]　　33. [A] [B] [C] [D]　　38. [A] [B] [C] [D]　　43. [A] [B] [C] [D]　　48. [A] [B] [C] [D]
29. [A] [B] [C] [D]　　34. [A] [B] [C] [D]　　39. [A] [B] [C] [D]　　44. [A] [B] [C] [D]　　49. [A] [B] [C] [D]
30. [A] [B] [C] [D]　　35. [A] [B] [C] [D]　　40. [A] [B] [C] [D]　　45. [A] [B] [C] [D]　　50. [A] [B] [C] [D]

二、阅读

51. [A] [B] [C] [D]　　56. [A] [B] [C] [D]　　61. [A] [B] [C] [D]　　66. [A] [B] [C] [D]　　71. [A] [B] [C] [D] [E]
52. [A] [B] [C] [D]　　57. [A] [B] [C] [D]　　62. [A] [B] [C] [D]　　67. [A] [B] [C] [D]　　72. [A] [B] [C] [D] [E]
53. [A] [B] [C] [D]　　58. [A] [B] [C] [D]　　63. [A] [B] [C] [D]　　68. [A] [B] [C] [D]　　73. [A] [B] [C] [D] [E]
54. [A] [B] [C] [D]　　59. [A] [B] [C] [D]　　64. [A] [B] [C] [D]　　69. [A] [B] [C] [D]　　74. [A] [B] [C] [D] [E]
55. [A] [B] [C] [D]　　60. [A] [B] [C] [D]　　65. [A] [B] [C] [D]　　70. [A] [B] [C] [D]　　75. [A] [B] [C] [D] [E]

76. [A] [B] [C] [D] [E]　　81. [A] [B] [C] [D]　　86. [A] [B] [C] [D]　　91. [A] [B] [C] [D]　　96. [A] [B] [C] [D]
77. [A] [B] [C] [D] [E]　　82. [A] [B] [C] [D]　　87. [A] [B] [C] [D]　　92. [A] [B] [C] [D]　　97. [A] [B] [C] [D]
78. [A] [B] [C] [D] [E]　　83. [A] [B] [C] [D]　　88. [A] [B] [C] [D]　　93. [A] [B] [C] [D]　　98. [A] [B] [C] [D]
79. [A] [B] [C] [D] [E]　　84. [A] [B] [C] [D]　　89. [A] [B] [C] [D]　　94. [A] [B] [C] [D]　　99. [A] [B] [C] [D]
80. [A] [B] [C] [D] [E]　　85. [A] [B] [C] [D]　　90. [A] [B] [C] [D]　　95. [A] [B] [C] [D]　　100. [A] [B] [C] [D]

三、书写

101.

新 汉 语 水 平 考 试
HSK （六级）答题卡

姓名

序号
[0] [1] [2] [3] [4] [5] [6] [7] [8] [9]
[0] [1] [2] [3] [4] [5] [6] [7] [8] [9]
[0] [1] [2] [3] [4] [5] [6] [7] [8] [9]
[0] [1] [2] [3] [4] [5] [6] [7] [8] [9]
[0] [1] [2] [3] [4] [5] [6] [7] [8] [9]

年龄
[0] [1] [2] [3] [4] [5] [6] [7] [8] [9]
[0] [1] [2] [3] [4] [5] [6] [7] [8] [9]

国籍
[0] [1] [2] [3] [4] [5] [6] [7] [8] [9]
[0] [1] [2] [3] [4] [5] [6] [7] [8] [9]
[0] [1] [2] [3] [4] [5] [6] [7] [8] [9]

性别　　　男 [1]　　　　女 [2]

考点
[0] [1] [2] [3] [4] [5] [6] [7] [8] [9]
[0] [1] [2] [3] [4] [5] [6] [7] [8] [9]
[0] [1] [2] [3] [4] [5] [6] [7] [8] [9]

你是华裔吗?
是 [1]　　　　不是 [2]

学习汉语的时间:

2年以下 [1]　　2年－3年 [2]　　3年－4年 [3]　　4年－5年 [4]　　5年以上 [5]

注意　请用 2B 铅笔这样写: ▬

一、听力

1. [A] [B] [C] [D]　　6. [A] [B] [C] [D]　　11. [A] [B] [C] [D]　　16. [A] [B] [C] [D]　　21. [A] [B] [C] [D]
2. [A] [B] [C] [D]　　7. [A] [B] [C] [D]　　12. [A] [B] [C] [D]　　17. [A] [B] [C] [D]　　22. [A] [B] [C] [D]
3. [A] [B] [C] [D]　　8. [A] [B] [C] [D]　　13. [A] [B] [C] [D]　　18. [A] [B] [C] [D]　　23. [A] [B] [C] [D]
4. [A] [B] [C] [D]　　9. [A] [B] [C] [D]　　14. [A] [B] [C] [D]　　19. [A] [B] [C] [D]　　24. [A] [B] [C] [D]
5. [A] [B] [C] [D]　　10. [A] [B] [C] [D]　　15. [A] [B] [C] [D]　　20. [A] [B] [C] [D]　　25. [A] [B] [C] [D]

26. [A] [B] [C] [D]　　31. [A] [B] [C] [D]　　36. [A] [B] [C] [D]　　41. [A] [B] [C] [D]　　46. [A] [B] [C] [D]
27. [A] [B] [C] [D]　　32. [A] [B] [C] [D]　　37. [A] [B] [C] [D]　　42. [A] [B] [C] [D]　　47. [A] [B] [C] [D]
28. [A] [B] [C] [D]　　33. [A] [B] [C] [D]　　38. [A] [B] [C] [D]　　43. [A] [B] [C] [D]　　48. [A] [B] [C] [D]
29. [A] [B] [C] [D]　　34. [A] [B] [C] [D]　　39. [A] [B] [C] [D]　　44. [A] [B] [C] [D]　　49. [A] [B] [C] [D]
30. [A] [B] [C] [D]　　35. [A] [B] [C] [D]　　40. [A] [B] [C] [D]　　45. [A] [B] [C] [D]　　50. [A] [B] [C] [D]

二、阅读

51. [A] [B] [C] [D]　　56. [A] [B] [C] [D]　　61. [A] [B] [C] [D]　　66. [A] [B] [C] [D]　　71. [A] [B] [C] [D] [E]
52. [A] [B] [C] [D]　　57. [A] [B] [C] [D]　　62. [A] [B] [C] [D]　　67. [A] [B] [C] [D]　　72. [A] [B] [C] [D] [E]
53. [A] [B] [C] [D]　　58. [A] [B] [C] [D]　　63. [A] [B] [C] [D]　　68. [A] [B] [C] [D]　　73. [A] [B] [C] [D] [E]
54. [A] [B] [C] [D]　　59. [A] [B] [C] [D]　　64. [A] [B] [C] [D]　　69. [A] [B] [C] [D]　　74. [A] [B] [C] [D] [E]
55. [A] [B] [C] [D]　　60. [A] [B] [C] [D]　　65. [A] [B] [C] [D]　　70. [A] [B] [C] [D]　　75. [A] [B] [C] [D] [E]

76. [A] [B] [C] [D] [E]　　81. [A] [B] [C] [D]　　86. [A] [B] [C] [D]　　91. [A] [B] [C] [D]　　96. [A] [B] [C] [D]
77. [A] [B] [C] [D] [E]　　82. [A] [B] [C] [D]　　87. [A] [B] [C] [D]　　92. [A] [B] [C] [D]　　97. [A] [B] [C] [D]
78. [A] [B] [C] [D] [E]　　83. [A] [B] [C] [D]　　88. [A] [B] [C] [D]　　93. [A] [B] [C] [D]　　98. [A] [B] [C] [D]
79. [A] [B] [C] [D] [E]　　84. [A] [B] [C] [D]　　89. [A] [B] [C] [D]　　94. [A] [B] [C] [D]　　99. [A] [B] [C] [D]
80. [A] [B] [C] [D] [E]　　85. [A] [B] [C] [D]　　90. [A] [B] [C] [D]　　95. [A] [B] [C] [D]　　100. [A] [B] [C] [D]

三、书写

101.

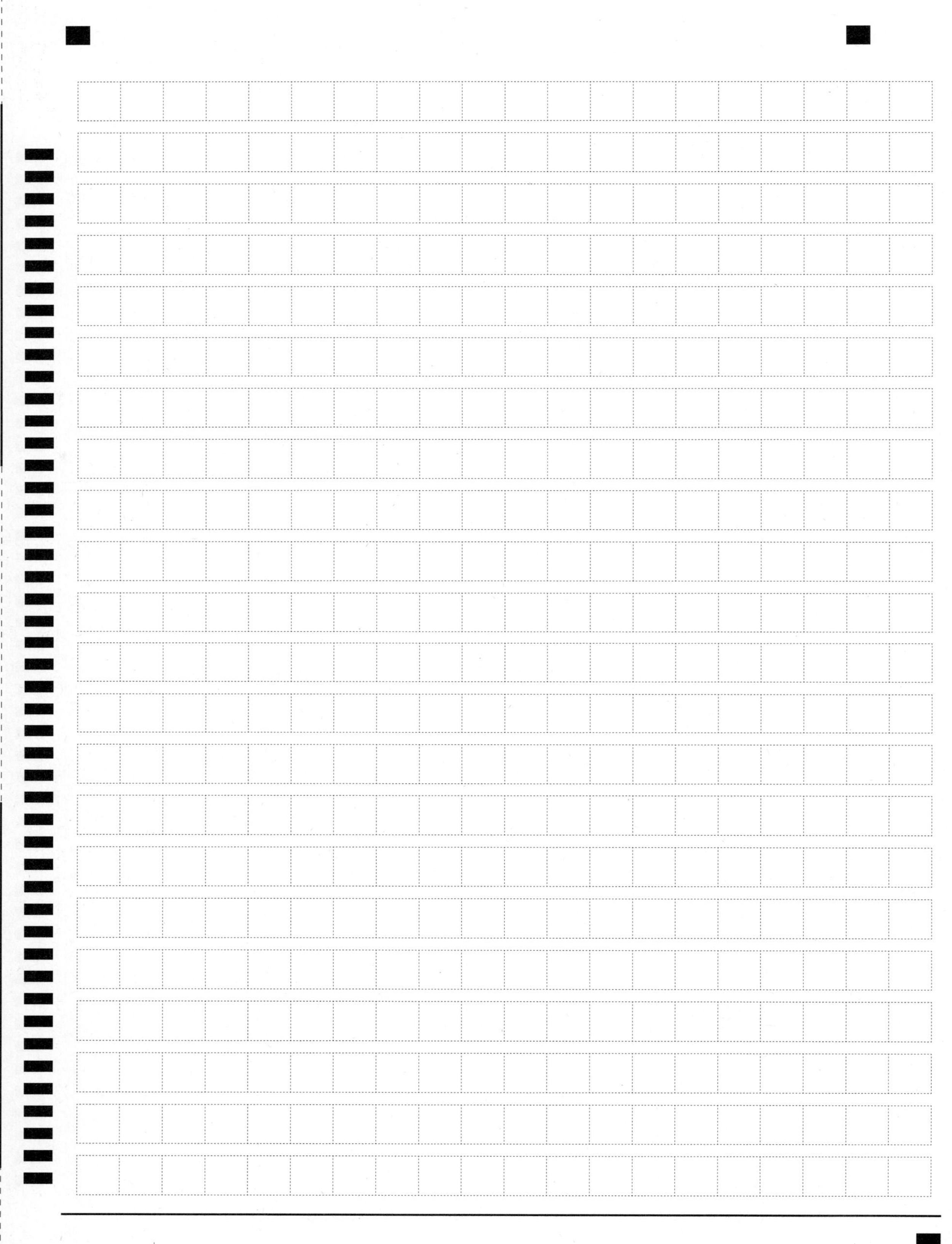

新 汉 语 水 平 考 试
HSK （六级）答题卡

姓名	

序号	[0] [1] [2] [3] [4] [5] [6] [7] [8] [9]
	[0] [1] [2] [3] [4] [5] [6] [7] [8] [9]
	[0] [1] [2] [3] [4] [5] [6] [7] [8] [9]
	[0] [1] [2] [3] [4] [5] [6] [7] [8] [9]
	[0] [1] [2] [3] [4] [5] [6] [7] [8] [9]

年龄	[0] [1] [2] [3] [4] [5] [6] [7] [8] [9]
	[0] [1] [2] [3] [4] [5] [6] [7] [8] [9]

国籍	[0] [1] [2] [3] [4] [5] [6] [7] [8] [9]
	[0] [1] [2] [3] [4] [5] [6] [7] [8] [9]
	[0] [1] [2] [3] [4] [5] [6] [7] [8] [9]

性别	男 [1]	女 [2]

考点	[0] [1] [2] [3] [4] [5] [6] [7] [8] [9]
	[0] [1] [2] [3] [4] [5] [6] [7] [8] [9]
	[0] [1] [2] [3] [4] [5] [6] [7] [8] [9]

你是华裔吗?

是 [1]　　　　　不是 [2]

学习汉语的时间:

2年以下 [1]　　　2年－3年 [2]　　　3年－4年 [3]　　　4年－5年 [4]　　　5年以上 [5]

注意　请用 2B 铅笔这样写: ■

一、听力

1. [A] [B] [C] [D]　6. [A] [B] [C] [D]　11. [A] [B] [C] [D]　16. [A] [B] [C] [D]　21. [A] [B] [C] [D]
2. [A] [B] [C] [D]　7. [A] [B] [C] [D]　12. [A] [B] [C] [D]　17. [A] [B] [C] [D]　22. [A] [B] [C] [D]
3. [A] [B] [C] [D]　8. [A] [B] [C] [D]　13. [A] [B] [C] [D]　18. [A] [B] [C] [D]　23. [A] [B] [C] [D]
4. [A] [B] [C] [D]　9. [A] [B] [C] [D]　14. [A] [B] [C] [D]　19. [A] [B] [C] [D]　24. [A] [B] [C] [D]
5. [A] [B] [C] [D]　10. [A] [B] [C] [D]　15. [A] [B] [C] [D]　20. [A] [B] [C] [D]　25. [A] [B] [C] [D]

26. [A] [B] [C] [D]　31. [A] [B] [C] [D]　36. [A] [B] [C] [D]　41. [A] [B] [C] [D]　46. [A] [B] [C] [D]
27. [A] [B] [C] [D]　32. [A] [B] [C] [D]　37. [A] [B] [C] [D]　42. [A] [B] [C] [D]　47. [A] [B] [C] [D]
28. [A] [B] [C] [D]　33. [A] [B] [C] [D]　38. [A] [B] [C] [D]　43. [A] [B] [C] [D]　48. [A] [B] [C] [D]
29. [A] [B] [C] [D]　34. [A] [B] [C] [D]　39. [A] [B] [C] [D]　44. [A] [B] [C] [D]　49. [A] [B] [C] [D]
30. [A] [B] [C] [D]　35. [A] [B] [C] [D]　40. [A] [B] [C] [D]　45. [A] [B] [C] [D]　50. [A] [B] [C] [D]

二、阅读

51. [A] [B] [C] [D]　56. [A] [B] [C] [D]　61. [A] [B] [C] [D]　66. [A] [B] [C] [D]　71. [A] [B] [C] [D] [E]
52. [A] [B] [C] [D]　57. [A] [B] [C] [D]　62. [A] [B] [C] [D]　67. [A] [B] [C] [D]　72. [A] [B] [C] [D] [E]
53. [A] [B] [C] [D]　58. [A] [B] [C] [D]　63. [A] [B] [C] [D]　68. [A] [B] [C] [D]　73. [A] [B] [C] [D] [E]
54. [A] [B] [C] [D]　59. [A] [B] [C] [D]　64. [A] [B] [C] [D]　69. [A] [B] [C] [D]　74. [A] [B] [C] [D] [E]
55. [A] [B] [C] [D]　60. [A] [B] [C] [D]　65. [A] [B] [C] [D]　70. [A] [B] [C] [D]　75. [A] [B] [C] [D] [E]

76. [A] [B] [C] [D] [E]　81. [A] [B] [C] [D]　86. [A] [B] [C] [D]　91. [A] [B] [C] [D]　96. [A] [B] [C] [D]
77. [A] [B] [C] [D] [E]　82. [A] [B] [C] [D]　87. [A] [B] [C] [D]　92. [A] [B] [C] [D]　97. [A] [B] [C] [D]
78. [A] [B] [C] [D] [E]　83. [A] [B] [C] [D]　88. [A] [B] [C] [D]　93. [A] [B] [C] [D]　98. [A] [B] [C] [D]
79. [A] [B] [C] [D] [E]　84. [A] [B] [C] [D]　89. [A] [B] [C] [D]　94. [A] [B] [C] [D]　99. [A] [B] [C] [D]
80. [A] [B] [C] [D] [E]　85. [A] [B] [C] [D]　90. [A] [B] [C] [D]　95. [A] [B] [C] [D]　100. [A] [B] [C] [D]

三、书写

101.

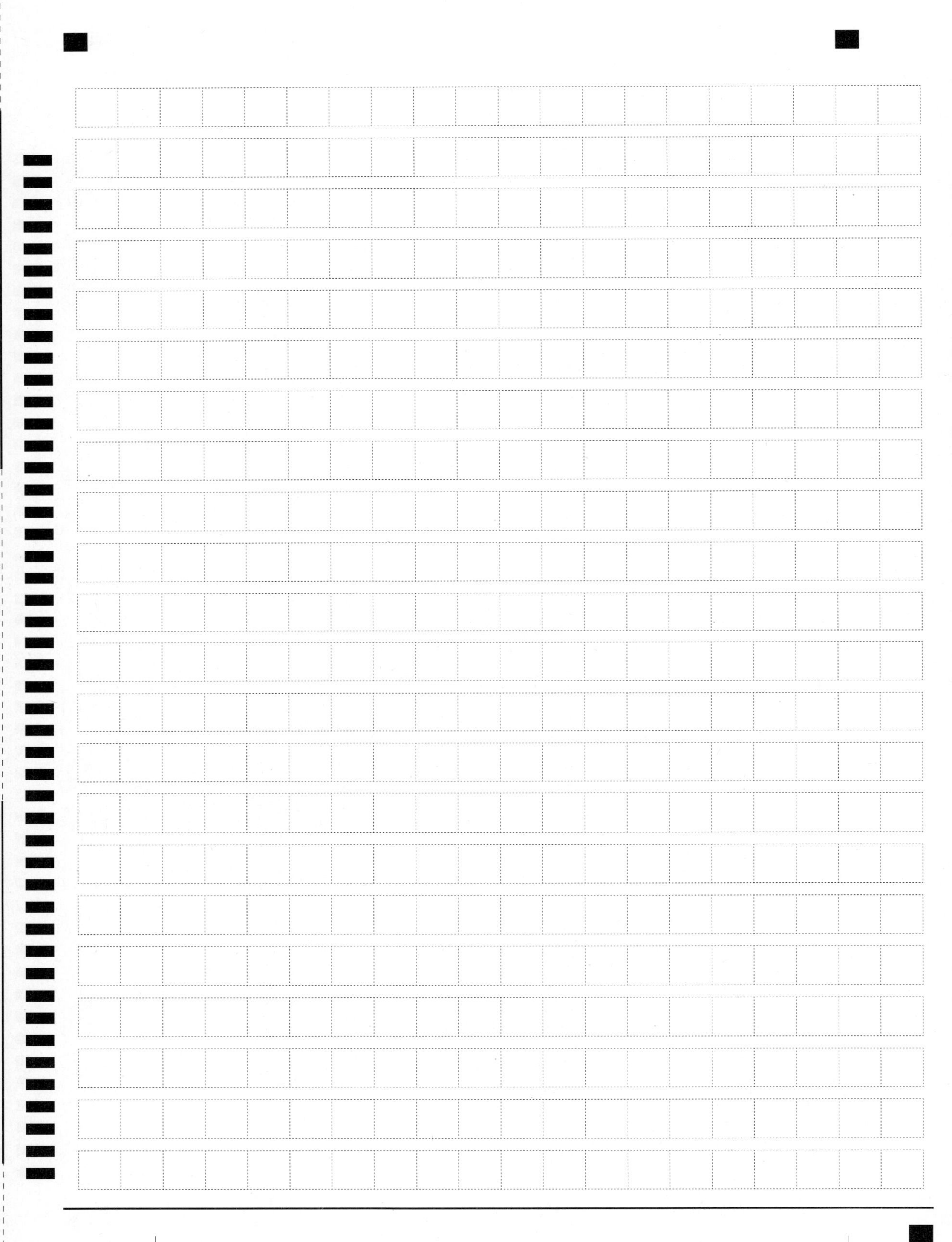

동양북스 新HSK 수험서 시리즈

북경대학과
국내 최고의 강사진이 만났다!

중국어뱅크

新 HSK 끝짱 모의고사

4급 5급 6급

新HSK 급수 한 번에 끝짱 내자!

★ 최신 기출 경향을 반영한 최·정·예 문제 5세트 수록!

★ 촌철살인의 문제로 新HSK 급수는 이제 끝짱!

★ 북경대학 감수로 믿고 풀어보는 실전모의고사 5세트!

4급 배수진 · 이민혜 · 최지은 편저, 북경대학 감수 | 13,000원
(MP3 CD 1장, 해설 무료다운로드 포함)

5급 배수진 · 이민혜 · 최지은 편저, 북경대학 감수 | 14,000원
(MP3 CD 1장, 해설 무료다운로드 포함)

6급 배수진 편저, 북경대학 감수 | 14,000원
(MP3 CD 1장 포함)

북경대 新HSK 실전 모의고사

2급·3급·4급·5급·6급

최신 개정판

★ 汉办 개정단어 반영 최신 개정판
★ 출간 즉시 新HSK 시험 매회 적중!
★ 〈新HSK 이거하나면 끝! 실전 모의고사〉 완벽 해설판!
★ 汉办 공식 개정단어장 무료 제공!

북경대출판사 펴냄, 刘云 외 지음 | 4×6배판

2급	276쪽	16,500원
3급	248쪽	16,500원
4급	308쪽	17,500원
5급	400쪽	18,500원
6급	488쪽	19,500원

중국어뱅크 新HSK 이거 하나면 끝!

실전 모의고사

2급·3급·4급·5급·6급

新HSK 시험문제 최다 적중!
新HSK 모의고사 베스트 1위!

★ 실전모의고사 5회분 수록
★ 실제 시험에 가까운 문제유형 · 난이도 · 길이 · 어휘 선정

북경대출판사 펴냄, 刘云 외 지음 | 4×6배판

3급	248쪽	11,500원
4급	168쪽	12,500원
5급	200쪽	13,500원
6급	200쪽	19,500원

동양북스 TSC 수험서 시리즈

TSC 기출문제 완벽 분석 종합서

TSC 한권이면 끝

TSC 고득점 대비 프로젝트의 완결판!

★ 국내 유일의 TSC 기출문제 완벽 분석!
★ 저자의 다년간 TSC 강의 경력을 이 책 한 권에!
★ 각 부분별 학습 공략법 및 예상 답안 대 공개!
★ 충분히 학습·연습할 수 있는 다량의 문제와 답안 제시!

郑琴 지음 · 최시아 번역 │ 4×6배판 │ 556면 │
26,500원(MP3 무료 다운로드)

일단 합격하고 오겠습니다

TSC 실전문제집

★ 15년간 TSC만 가르쳐 온 현직 전문 강사가 뽑은 최다 출제 문제 완전 정복!

★ 반복 연습만이 합격의 지름길! 20회분에 해당하는 문제 수록!

★ 삼성그룹 외 대기업 입사·승진이 책 한 권으로 눈 앞에!

이명순 저자 │ 4x6배판 │ 344면 │
19,000(MP3 무료 다운로드)

">

외국어 출판 40년의 신뢰
외국어 전문 출판 그룹
동양북스가 만드는 책은 다릅니다.

40년의 쉼 없는 노력과 도전으로 책 만들기에 최선을 다해온 동양북스는
오늘도 미래의 가치에 투자하고 있습니다.
대한민국의 내일을 생각하는 도전 정신과 믿음으로 최선을 다하겠습니다.

동양북스

동양북스 추천 교재

회화 코스북

일본어뱅크 다이스키
STEP 1 · 2 · 3 · 4 · 5 · 6 · 7 · 8

일본어뱅크
좋아요 일본어 1 · 2 · 3

일본어뱅크 도모다찌
STEP 1 · 2 · 3

분야서

일본어뱅크
NEW 스타일 일본어 문법

일본어뱅크
일본어 작문 초급

일본어뱅크
사진과 함께하는
일본 문화

일본어뱅크
항공 서비스 일본어

가장 쉬운 독학
일본어 현지회화

수험서

일취월장 JPT
독해 · 청해

일취월장 JPT
실전 모의고사 500 · 700

일단 합격하고 오겠습니다
JLPT 일본어능력시험
N1 · N2 · N3 · N4 · N5

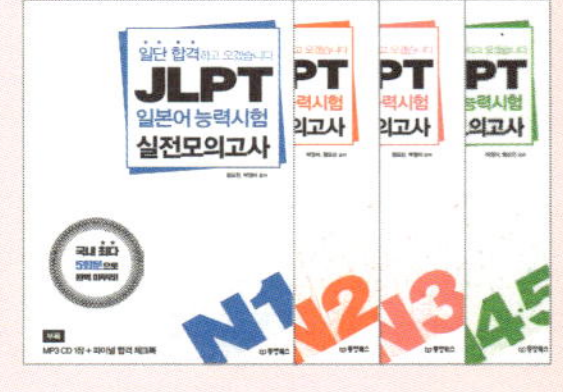

일단 합격하고 오겠습니다
JLPT 일본어능력시험
실전모의고사 N1 · N2 · N3 · N4/5

단어 · 한자

특허받은
일본어 한자 암기박사

일본어 상용한자 2136
이거 하나면 끝!

일본어뱅크
New 스타일 일본어 한자 1 · 2

가장 쉬운 독학
일본어 단어장

일단 합격하고 오겠습니다
JLPT 일본어능력시험
단어장 N1 · N2 · N3

동양북스 추천 교재

중고급 학습

첫걸음 끝내고 보는
프랑스어
중고급의 모든 것

첫걸음 끝내고 보는
스페인어
중고급의 모든 것

첫걸음 끝내고 보는
독일어
중고급의 모든 것

첫걸음 끝내고 보는
태국어
중고급의 모든 것

단어장

버전업! 가장 쉬운
프랑스어 단어장

버전업! 가장 쉬운
스페인어 단어장

버전업! 가장 쉬운
독일어 단어장

여행 회화

NEW 후다닥
여행 중국어

NEW 후다닥
여행 일본어

NEW 후다닥
여행 영어

NEW 후다닥
여행 독일어

NEW 후다닥
여행 프랑스어

NEW 후다닥
여행 스페인어

NEW 후다닥
여행 베트남어

NEW 후다닥
여행 태국어

수험서 · 교재

한 권으로 끝내는 DELE
어휘 · 쓰기 · 관용구편 (B2~C1)

수능 기초 베트남어
한 권이면 끝!

버전업!
스마트 프랑스어

일단 합격하고 오겠습니다
독일어능력시험
A1 · A2 · B1 · B2(근간 예정)